나는 선생님입니다

나는
선생님입니다

미래교육을 향한 실험,
그 시행착오에 관한 이야기

황혜지 지음

테크빌교육

여러분의 키워드는 무엇인가요?

미래를 향한 대화에서 교육은 빠지지 않는 주제입니다. 하지만 막상 변화의 문턱에 서면 신중해지는 주제이기도 합니다. 변화가 개인과 사회에 미칠 영향력이 크고 깊으며, 때로는 그 영향의 과정이 잘 보이지 않기 때문일 것입니다. 과감한 변화 이전에 구체적인 실험과 시도가 더 많이 필요한 이유이기도 합니다.

씨프로그램은 사회적 효익을 위한 프로젝트를 지원하는 벤처기부Venture Philanthropy 펀드입니다. 교육 분야의 실험에 집중적으로 지원하는 러닝펀드는 지난 5년간 20여 건의 실험적인 프로젝트에 투자해 왔습니다. 학교 안에서 수업과 공간의 변화를 이끌어내려는 시도, 예술, 메이커, 디자인 등 새로운 분야의 역량을 키우기 위한 학교 안팎의 협업 프로젝트,

그리고 다음 세대가 배움의 커뮤니티로 선택할 수 있는 선택지를 만드는 일까지, 프로젝트의 방식은 다양하지만 목표는 같았습니다. 교육의 변화를 위한 실험이 계속 이어지도록 하는 것, 그리고 그 실험에 대해 서로가 이야기 나눌 수 있도록 하는 것이었습니다.

서울 대학로에 자리잡은 '온더레코드'는 러닝펀드가 운영하는 공간입니다. 5년간 러닝펀드가 교육 분야의 다양한 파트너들을 만나고 프로젝트에 지원하면서 쌓아 온 기록과 자료들을 한곳에 모은 작은 도서관입니다. 하지만 정적인 아카이브 이상의 역할을 하는 공간이기도 합니다. 서가에는 러닝펀드가 관심을 두는 주제와 질문으로 큐레이션한 자료가 배치되어 있지만, 서가에 둘러싸인 커다란 테이블(함께 쓰는 테이블)에서는 이 순간에도 새로운 실험이 이루어집니다. 각자의 자리에서 무언가 시도해 오던 분들이 서로를 만나기도 하고, 서로 다른 영역에서 일하던 분들이 만나 경계를 넘나드는 실험을 구상하기도 합니다. 새로운 배움의 방식을 찾는 교사들, 미래교육을 위한 정책과 연수를 준비하는 교육청과 연수원, 교육 분야의 혁신을 시도하려는 기업, 자신의 분야에서 교육과의 접점을 찾아보려는 개인, 가장 가까이서 다음 세대를 매일 만나는 학부모와 배움의 주인공인 다음 세대까지. 온더레코드는 모두가 경계 없이 '교육자'가 되어 모이는 공간입니다.

이렇게 다양한 사람들이 테이블에서 나눈 대화와 여기에서 출발한 실험들은 다시 콘텐츠가 되어 온라인에, 그리고 온더레코드의 서가에 비치됩니다. 더 많은 사람과 대화를 나누고 싶은 주제에 대해서는 온라인 보고서를 펴내거나 오프라인 콘퍼런스를 열기도 합니다. 서가의 책, 온라인에서 읽은 글, 또는 콘퍼런스의 대화에서 영감을 받은 누군가는 다시 온더레코드의 테이블에 함께 둘러앉을 동료를 찾겠지요.

이 책은, 지난 2년간 온더레코드를 찾아 실험과 대화를 나누었던 교육자 중 일곱 분을 만나 2019년 6월부터 8월까지 두 달간 연재했던 인터뷰 시리즈 〈나는 선생님입니다〉와, 같은 해 12월 〈미래학교 콘퍼런스: 미래학교를 위한 교사의 역할〉을 통해 교육자가 들려준 이야기를 담은 책입니다. 교실에서 새로운 배움을 시도하고 있거나 학교 밖으로 실험을 확장하고 있는 일곱 분의 교육자에게 미래에 필요한 배움이 무엇이라고 생각하는지, 이를 위해 어떤 시도를 하고 있으며 어떤 시행착오를 겪고 있는지, 그럼에도 불구하고 이를 지속하게 하는 동력은 무엇인지 물었습니다. 그리고 공통으로 짚어낸 키워드, '함께하는 조력자', '연결과 협업', '다양성'을 중심으로 대담을 나눴습니다.

이러한 대화를 통해 미래의 학교에서 교사가, 교육자가 담당하게 될 역할은 무엇일까에 대한 생각을 작게나마 펼쳐 보았습니다. 그리고 인터뷰와 콘퍼런스에서 나눈 이야기가 이제 책이라는 콘텐츠가 되어 여러분을 만납니다. 이 책이 여러분만의 답을 찾아가는 데 영감이 되기를, 각자의 자리에서 전보다 조금은 든든한 마음으로 시도해 볼 용기를 주기를 바랍니다. 온더레코드의 함께 쓰는 테이블에서 다시 만난다면 더욱 기쁘겠습니다.

지금, 여러분의 키워드는 무엇인가요?

차례

2장 · 미래학교를 위한 교사의 역할

어떤 키워드에 주목하고 있나요? 아마 이 책을 펼치는 분들의 수만큼의
답이 있을 거예요. 저는 온더레코드를 오가는 많은 교육자에게 가장 먼저
묻고 싶었습니다. 교육자 한 명 한 명의 시도를 짚어가다보면 온더레코드가
찾고 있는 '세상의 변화에 필요한 배움에 관한 아이디어'를 얻을 수 있지
않을까 하고요. 그래서 온더레코드는 '교육자'라는 키워드에 주목했습니다.

그 시작으로, 학교 안에서 시작된 흥미로운 시도가 인상 깊었던
일곱 분의 선생님께 선생님이 된 과정과 시도의 역사, 실험을 지속할 때
필요한 것, 그리고 앞으로의 세상의 변화와 필요해질 배움에 관해 묻고 그
답을 들었습니다. 단순히 새로운 시도에 대한 성공담이 아닌 첫 시작의
두려움과 과정의 지난함을 이겨내고 실험을 지속하며 얻은 인사이트이자
직접 겪은 시행착오의 이야기입니다. 모두 다른 모습의 교육 현장에서 맨땅에
헤딩하며 문제를 풀어가는 선생님들의 시도가 여러분이 마주한 문제의
힌트가 되기를 바랍니다.

1장

—

나는

선생님입니다

"나는 욕구를 발견하는 선생님입니다"

이우학교 김주현 선생님

온더레코드에 올 때나 다른 행사에서 만나도 김주현 선생님은 늘 학생, 동료 교사와 함께입니다. 기업에서 IT 관련 일을 하다 정보 교사로, 그리고 다시 진로 교사로 몇 차례 각성의 순간을 지나며 '내 문제'를 발견하는 것이 진로를 찾는 출발점임을 알게 되었다고 합니다. 그 후 학생들과 함께 욕구와 욕망을 찾는 14일 프로젝트와 주제탐구 프로젝트를 이어가고 있습니다. 교사와 학생이 경계 없이 배움을 나누는 모델을 꿈꾸는 선생님의 이야기를 들어봅니다.

2014년 세바시에서 〈14일간의 욕구 발견 프로젝트〉를 주제로 이야기하셨죠. 왜 '욕구'인가요?

결국 진로를 찾는다는 건 자기다움을 발견하거나 만들어가는 과정입니다. 제 지난 인생도 다양하게 부딪혀보기보다는 일반적인 트랙 위에서 움직여왔기에 과거로 돌아간다면 욕구나 욕망에 솔직하게 살아야겠다는 생각을 많이 했어요. 자기 자신을 발견하기 위해선 뭐든 해봐야 하거든요. TED 영상 중 맷 커츠의 〈30일 동안 새로운 것 도전하기〉에서 영감을 받고 욕구와 욕망이라는 키워드로 학생들과 함께 프로젝트를 해보기로 했습니다.

개인적인 욕구나 욕망을 학교 수업의 소재로 다루면서 겪었던 시행착오가 있나요?

처음부터 욕구와 욕망이 금방 찾아지지는 않는 데다 단순한 낮은 단계의 욕구와 강렬한 욕망을 잘 구별하지 못합니다. 〈14일간의 욕구 발견 프로젝트〉를 시작할 땐 습관이나 문제를 해결하는데 집중하는 강렬한 프로젝트의 느낌을 원했지만, 쉬고 싶거나 잠자고 싶은 욕구부터 좌절했던 욕망을 다시 꺼내 재도전하는 학생까지 다양한 레벨의 주제가 나왔어요. 특히 진로 수업에서의 프로젝트는 직업을 의식하고 연결하려는 학생이 많아요. 그래서 한 번은 미래의 직업을 떠나서 내가 순수하게 '배우고 싶은 욕구'로 한정하고 '선택과목을 개설할 수 있는 권한이 주어진다면?'이라는 질문을 던졌더니 오만가지 아이디어로 답하더라고요. 듣기만 해도 재미있었어요. 학생이 배움에 대한 욕구가 없는 게 결코 아니라는 걸 그때 확인했죠. 과목이나 직업으로 설명할 수 없더라도 누구나 자기만의 욕구, 욕망을 품고 있습니다. 지금은 고등학교 1학년을 대상으로 과목을 넘어서서 배우고 싶은 것을 자기가 선정하고 학습자원을 찾는 〈주제탐구 프로젝트〉를 하고 있습니다.

왜 고등학교 1학년을 대상으로 하나요?

고등학교에서의 첫 해에 문제 공감 프로젝트와 주제탐구 프로젝트로 세상과 배움에 대한 인식이 바뀌었으면 좋겠습니다. 학생이 10년씩 학교를 경험하다 보니 시스템을 정말 잘 알고 있어요. 그러다 보니 구조에 종속되거나 매몰되어 버리죠. 수업이 열리지 않거나, 교과서 같은 공식적인 매뉴얼이나 선생님이 없다면 배우지 못한다고 생각해요. 선택과목이 아무리 많이 열려도 학생 하나하나의 욕구를 절대 채울 수 없습니다. 그러다 보면 학교를 원망하거나 원하는 과목을 개설해주지 않는다며 서운해하는 학생이 많아지죠. 그래서 '학교가 사라지면 어떻게 될까?'라고 가정하고 익숙했던 학교의 개념을 버려봤어요. 최근엔 개별화에 관심이 많습니다.

프로젝트 기간은 얼마나 두는 것이 좋은가요?
한 학기 동안 기회를 주지만, 한 가지 주제를 끌고 가기엔 어른도 쉽지 않은 시간입니다. 학사일정을 살펴보니 중간중간 행사가 많아 리듬이 끊어져서 분기 단위도 길더군요. 실험해보니 한 가지 주제를 끊김 없이 할 수 있는 게 한 달이었어요. 4주를 1라운드로 정하고 있습니다.

사실 저는 제 진로를 확실하게 정해주는 것은 진로 수업보다 공부를 더 열심히 하는 거라고 생각해서 창의적 체험활동 시간에도 공부했던 학생이었습니다. 진로 교사로서 이런 생각을 마주하면 어떤가요?
진로교육이 직업과의 매칭이 아니라면 무엇이어야 할지 고민이 많습니다. 진로적성검사를 해석해주다 보면 세상의 변화 속도를 볼 때 말도 안 되는 이야기들이 있어요. 부모님도, 선생님도, 친구 문제도 아닌 '내 문제야!' 하는 생각에서 시작하는 것이 우선입니다. 그래서 진로를 찾는 첫 번째 경로로 욕구와 욕망에 집중했습니다. 이어 여러 커뮤니티에서 사람들을 만나면서 기업가정신교육, 디자인씽킹, 메이킹을 접하다 보니 특정한 문제의식이 자기 진로를 찾아가는 두 번째 길이라는 생각에 이르렀습니다.

보통 진로교육은 직업과 많이 연결되어 있습니다. 그 과정에서 해당 직업에 종사하는 분들의 경험담을 듣거나 만남의 자리를 가지기도 하는데 다음 세대를 만날 때는 어떤 점이 중요한가요?

모든 경험이 유의미한 경험은 아닙니다. 힘들더라도 하는 일에 좋은 에너지를 가지고 변화 가능성이 있다고 믿는 사람들을 만나는 게 중요합니다. 특정 분야의 전문가라고 해도 자기 직업을 애정하지 않는 사람은 부정적인 에너지만 전달하는 경우가 있어요. 일을 한다는 건 분야의 전문성보다는 태도를 갖추는 거라고 봅니다. 배우고 싶은 게 있을 때 배움에 접근하는 방법과 태도가 핵심이라고 생각합니다.

우선 직업과 진로의 연결을 끊어야 합니다. 떼어내기만 하면 안 되고, 직업 대신 배움이라는 키워드와 연결해줘야 합니다. 그리고 다시 배움과 학과의 연결고리를 끊어야 하죠. 당장 학과나 직업이 연결되지 않으면 불안해하겠지만 끊어내야 합니다. 계속 불안을 느끼는 학생에게 "배우려고 할 때 지금 당장 상상이 안 되더라도 절대 걱정하지 마. 지금은 그 생각을 하지 않아도 좋아. 새로운 전공으로 얼마든지 만들어질 수 있고, 그렇지 않아도 괜찮아"라고 말해줍니다. 요즘은 학과를 스스로 만드는 대학교도 있습니다. 배움의 호기심을 유지하며 활용 가능한 자원들이 어떤 것이 있는지 발견하고, 빠르게 조직해서 배우고 다양한 방법으로 공유하는 이 흐름이 자신의 인생에서 반복되는 사람으로 크길 바랍니다. 제가 맡은 프로젝트는 모두 여기에 초점이 맞춰져 있습니다. 욕망을 배움의 욕망으로 연결시키는 것, 직업이나 학과가 아닌 내가 배우고 싶은 것에 집중하여 진로를 탐색하는 것. 청소년 시기엔 이것만으로도 충분하다고 생각합니다. 하지만 여전히 고3이 되면 입시라는 블랙홀이 존재하죠.

세상에 대한 촉을 계속 세우는 방법이 있나요?

각자가 가진 각성의 순간이 필요한 것 같습니다. 지점들은 다를 거예요. '이대로는 정말 안 되겠다. 지금 하는 걸 반복해서는 턱없겠다'라는 위기의식 정도의 무게감입니다. 그렇다고 갑자기 세상의 변화를 보러 세상 밖으로 나갈 수 있는 시간적 여유나, 구조적으로 변화된 환경이 주어지지는 않을 거예요. 그전까지는 개인이 애쓰는 시간이 필요합니다. 이 시간도 각성과 위기의식에서 나오죠. 저 역시 수업이 잘 안 될 때는 자존감이 낮아졌다가도 잘 되면 세상을 다 가진 것 같아요. 선생님이라는 정체성 때문입니다. 만약 가르치지 않아도 된다면, 같이 배우며 즐거워하는 선생님의 모습에 학생이 자극을 받거나, 학생이 배우는 모습을 보면서 선생님이 반성하는 지점이 있다면 학교의 모습이 많이 달라지지 않을까요.

각성의 순간은 언제였나요?

직장생활 3년 차에 IMF가 터졌습니다. '개인적으론 열심히 살았음에도 조직의 이유로 이렇게 될 수 있구나'라는 생각도 잠시, 팀마다 명퇴자를 선정해서 보고하는 상황을 마주했죠. 세상의 변화를 체감했습니다. 이 시간이 지나고 나면 더는 평생직장은 없고 바깥에는 엄청난 파도가 밀려오고 있다는 생각이 들더군요. 40대가 되었을 때 이 파도의 충격을 또 받을 자신이 없었어요. 한 살이라도 젊을 때 파도를 피하기보다는 올라타서 변화를 온몸으로 맞아야겠다고 생각하고 자진 퇴사 신청을 하고 나왔습니다.

IT업계에서 일하다가 교사가 되었습니다. 어땠나요?

기업 현장에서 일도 했었고, 프리랜서 강사를 하면서 전 분야에 대해 지식도 있었고, 학교 현장에서는 실력 있는 사람이라고 생각했습니다. 정보교사로서 디지털 기술을 이용해서 각자의 생각을 어떻게 잘 표현할 수 있을까 고민하면서 표현의 도구로서 디지털 기술을 가르쳤습니다. 그런데 알고 보니 우물 안 개구리였어요. 2009년에 처음으로 아이팟 터치를 사고, 앱을 설치하고, 트위터라는 네트워크를 경험하면서 '손 안의 컴퓨터'라는 말을 그제야 실감했습니다. 제품이 주는 사용자 경험은 놀라웠어요. 기존에 알고 있던 세상과 이후의 세상이 완전히 다르다는 걸 인지한 이후로 기존에 가르쳤던 것을 모두 다 바꾸었습니다.

지금, 변화를 다시 맞이하는 촉은 어디를 향하고 있나요?

소위 우리나라에 미국 같은 글로벌한 혁신이 없는 이유는 차고가 없어서라고 합니다. 그동안 저는 무책임하게 질문만 던졌습니다. '학교가 만약 차고와 같은 역할을 한다면 어떨까?', '학교가 메이커 스페이스가 된다는 게 과연 어떤 의미일까?' 하고요. 학교의 변화와 관련된 포인트가 여기에 있습니다. 차고든 메이커 스페이스든 필수적으로 배워야 할 건 없습니다. 학교는 아이들의 주제가 깊어질 수 있도록 전문가와 환경을 갖춘 곳이 되는 겁니다. 예를 들어, 학생과 교사가 수요일 3~4교시는 과목 없이 시간표를 비우고 모두가 동등하게 배웁니다. 교사는 그저 경험이 많은 학습자일 뿐, 학생도 교사도 배우고 싶은 주제를 제안해서 피칭하고 팀을 이루어 과목을 만들고 수업시수가 인정되면 어떨까요. 생각의 시작은 근본적으로 학교가 학생과 교사 모두 가장 잘 배울 수 있는 공간이길 바라는 마음입니다. 다만, 학교라는 시스템 아래서 실험하는 것은 쉽지 않기에, 따라 할 수 있는 학교 밖에서의 실험이 꼭 필요합니다.

온더레코드는 어떤 역할을 하면 좋을까요?

학교의 교육과정이 다양하게 펼쳐져 있는 가장 큰 이유는 학생이 어떤 순간에 각성하거나 강한 자극과 변화의 순간이 올지 모르기 때문입니다. 온더레코드를 찾아오는 교육자와 학생은 각자 이유가 다르겠지요. 제가 이곳을 소개하며 자주 쓰는 표현은 '대한민국에서 벌어지는 교육혁신과 관련해서 2시간 동안 한 장소에서 가장 많은 것을 폭넓게 확인하고 싶으면 온더레코드로 가라'입니다. 더 많은 이야기가 시작될 수 있는 큐레이션으로의 변화가 반갑습니다.

 인터뷰 노트

실험의 시행착오들 사이에 어떤 공통점이 있지 않을까 하는 생각으로 인터뷰를 시작했는데, 한 교육자의 삶을 되짚는 대화를 나누게 되었습니다. 결정적인 선택은 일상의 생각과 시도들이 쌓여 만들어지는 것이기에, 앞선 과정을 찬찬히 듣지 않고는 알 수 없는 것들이 많습니다. 진로의 탐색도 마찬가지일 것입니다. 결승점이 아니라 나아가는 길 위에 서 있는 학생들은 기회와 선택지를 넓힐수록 전혀 다른 탐험을 만들어갈 수 있습니다.

"나는 의미 있는 경험을 만드는 선생님입니다"

신용초등학교 장지혁 선생님

페이스북 타임라인에서 장지혁 선생님의 포스팅을 발견했습니다. '프로젝트 수업을 몇 년간 운영하면서 느낀 점은 경험이 곧 배움은 아니더라는 것. 그리고 제대로 된 배움을 위해서 무언가가 필요하다는 것'. 그 아래 다른 선생님들이 의견을 달면서 수업의 철학과 방법에 대한 열린 댓글 토론의 장이 펼쳐졌습니다. 의미 있는 경험을 만들기 위한 그 '무언가'를 찾아가는 장지혁 선생님의 시도를 따라 가봅니다.

거꾸로교실부터 〈맥선생〉 유튜브 채널 운영까지 다양한 시
도를 하고 있습니다. 그 첫 시작이 궁금합니다.

프로젝트 학습으로 시작했는데 수업할 때마다 시간이 모자
랐어요. 마침 거꾸로교실*을 다룬 다큐멘터리를 보고 검색
하면서 외국의 다양한 사례를 접했습니다. 유명한 수업방
법은 거의 다 해봤지만 결국, 프로젝트 학습과 가장 잘 맞
았어요.

어떤 부분이 가장 잘 맞았나요.

프로젝트 학습은 삶에 적용할 수 있는 게 많습니다. 영어 공
부를 하기로 마음먹으면 방법을 기획하고 계획을 세워 실행
하듯이 프로젝트 학습의 시작점도 비슷합니다. 무언가 해야
겠다는 마음을 먹는 데서 시작해 결과에 도달하는 과정을 잘
배운다면 무엇이든 하고 싶은 것이 있을 때 방법을 찾을 수
있습니다.

수업으로 풀려면 많은 단계를 거쳐야 합니다. 교사가 많이

● 수업에서 학습을 극대화할 수 있도록 강의보다는 학생과의 상호작용이나 심화 학습
활동에 집중하는 교수 학습 방법을 말한다.

계획하고 주도하면 10차시의 과정과 결과가 정해져 있지만, 학생에게 완전히 맡겨 놓으면 교사도 해보면서 계획과 결과를 짜야 하거든요. 여기서 나타나는 모습이 재밌습니다. 이 지점에서 프로젝트 학습이 학생의 역량을 기르는 데 좋은 방법이라는 걸 발견했어요.

> 페이스북 포스팅 내용 중 '프로젝트 수업을 몇 년간 운영하면서 느낀 점은 경험이 곧 배움은 아니라는 것. 그리고 제대로 된 배움을 위해서 무언가가 필요하다는 것'이라는 말에 관한 생각을 더 자세히 들어보고 싶습니다.

프로젝트 수업은 일반적인 수업과 달리 많은 시간이 필요합니다. 그동안 다양한 경험을 하게 되죠. 가게에 들어가서 무언가 요구하고, 재단에 전화해서 예산을 받아내고, 영상을 제작하는 등 경험으로 얻을 수 있는 역량을 키울 수 있습니다. 그런데 뒤돌아봤을 때 학생이 과연 무엇을 배웠는지 묻는다면 한마디로 정의하기 어렵습니다. 교육과정 대부분을 채우고 있는 새로운 지식을 배운 건 아니기 때문이죠. 지식만 전달하는 건 더 이상 필요가 없다고 하지만 여전히 알아야 하는 지식도 많습니다. 한쪽에 치우치지 않고 부족한 지식을 확보할 방법을 고민하면서 내린 지금의 목표는 제대로 배우고 제대로 프로젝트를 운영하는 것입니다. 학생 스스로 프로젝트를 운영하면서 역량도 키우는 건 '판타지'입니다.

시행착오의 결과인가요.

처음 2년 정도는 잘 안 됐습니다. 학습의 주도권은 교사가 많이 가져갈 수도, 학생들에게 더 많이 줄 수도 있는 거라 정답은 없지만, 장단점이 있습니다. 프로젝트 수업을 시작한 초기에는 학생에게 무조건 다 넘겨주는 게 좋다고 생각해 그렇게 했더니 '과연 남는 게 있을까' 싶을 정도로 엉망이었어요. 수업 시간에 배운 내용을 활용할 수는 있지만 새롭게 배우기는 쉽지 않아서 투여한 시간 대비 배운 게 많지 않았습니다. 이제는 역량뿐만 아니라 배워야 하는 것들을 확실히 해주는 게 목표입니다. 학생에게 다 맡기더라도 짧게 설명하는 것으로 그치지 않고 프로젝트를 하는 과정에서 필요한 것을 교과서에서 발췌해 교재를 만들었어요. 100시간을 프로젝트로만 채우는 것보단 교재를 함께 쓰면 새롭게 배우는 게 많아집니다. 학년마다 필요로 하는 성취기준을 연결해서 꼭 배워야 하는 것들을 배우고 프로젝트 학습까지 연결하고 있습니다.

학교의 환경도 많이 바뀐 것 같습니다.

예전엔 초등학교에서도 한 학기에 한두 번씩 꼭 객관식 시험을 봤습니다. 사실 제 수업은 그런 시험에서 점수가 잘 나오긴 어려워요. 제가 속한 지역은 3~4년 전부터 평가 형태가 많이 바뀌어서 열심히 외우면 점수를 잘 받을 수 있는 시험이 줄어들고 교사가 자율적으로 평가하고 있습니다.

직접 콘텐츠를 만들고 플랫폼에 기록한 아카이브가 상당합니다. 기록은 어떻게 시작하게 되었나요.

블로그는 수업하면서 떠오른 고민을 기록으로 남기고 다른 생각을 들어보고 싶어서 시작했습니다. 수업을 처음부터 끝까지 쭉 적는 게 아니라 계획했던 활동의 의미를 되짚어보는 것이 깊이 있는 수업으로 발전시키는 데 큰 도움이 되었습니다. 글을 공유한 페이스북이나 블로그 댓글에서 많은 선생님과 자기 수업을 소재로 의견을 주고받는 과정이 재미있었어요.

요즘은 유튜버로도 활동하고 있습니다.

프로젝트 학습을 할 때 모두가 창작자Everyone can create라는 마인드로 교사가 길을 보여주고 결과물로 전자책^{Ebook}을 내기도 합니다. 기기를 쓰다 보니 영상을 이전보다 훨씬 쉽게 만들 수 있겠다 싶어서 지금의 유튜브 채널 〈맥선생〉처럼 'IT 기기 활용하는 법'을 만들었는데 망했습니다. 다시 작년부터 매일 1~2시간을 투자해서 지금의 〈맥선생〉 채널이 재탄생했습니다. 교육 유튜버라기보단 IT 유튜버로 출발했습니다. 그래서 IT 기기를 설명하는 100여 개의 영상 중 교육 관련 영상은 10% 정도밖에 안 됩니다. 그 비율을 조금씩 더 늘릴 예정이에요.

잘되는 콘텐츠는 어떤 콘텐츠인가요.

〈맥선생〉에 올릴 영상을 찍으면서 여러 곳에서 많은 도움을 받았습니다. 이미 잘 만드는 사람들과 만날 수 있도록 소개를 받기도 하고 피드백도 들었어요. 그 덕에 생긴 노하우라면, 제목은 정답을 바로 보여주지 말고, 사람들이 궁금해하고 필요한 것에 집중하라는 거예요. 지금까지 54만 뷰로 가장 뷰 수가 높았던 영상도 처음에는 뷰 수가 낮았다가 한순간 수직으로 상승했습니다. 결국 유튜브가 어떤 좋은 영상을 더 많이 보여줄지 결정하는 거죠.

교육을 주제로 한 콘텐츠는 어떻게 다루면 좋을까요.

'선생님을 대상으로 한 아이패드 활용법'을 콘텐츠로 만들지는 않습니다. '아이패드 뽕 뽑는 방법 — 문서 편집 편'처럼 누구나 콘텐츠를 쓸 수 있도록 만들죠. 그리고 마지막엔 선생님과 학생이 교실에서 이 방법으로 낼 수 있는 결과물을 보여줍니다. 사실 교실에서 쓰는 것이라고 해서 특별하지 않습니다.

새로운 것을 해보려고 할 때 무엇이 필요할까요.

환경이 갖춰진 다음에 시작하는 건 늦다고 생각합니다. 계속 맘껏 시도해보기 위해선 학교 안에서 눈치 보지 않을 편한 관계를 만들고 시작하는 것이 중요합니다. 교실 간의 차이가 비교대상이 되기도 하고요. 지지해주는 자기편을 늘려가세요.

앞으로 필요한 배움은 무엇이라고 생각하나요.

4차 산업혁명이 도래하니 이렇게 해야 한다거나 '시리'가 있으니까 지식을 배울 필요가 없다고 이야기하곤 합니다. 하지만 읽기, 쓰기, 셈하기를 무시하고 상위 단계의 역량을 키운다는 건 셈하기가 안 되는데 엑셀을 맡기는 것과 같습니다. 지금은 아래 단계에서 상위 단계의 프로젝트 학습까지 잘 이어 주기 위해 기초 기본 교육에 집중하고 있습니다. 매일 꾸준히 다섯 줄씩 글쓰기를 하고, 수학 문제를 몇 개씩 풀면서 자신이 모르는 사이에 능력이 향상될 수 있도록요. 더 좋은 기기가 생긴다고 해도 사람이 살아가는 본질은 바뀌지 않습니다. 대화하고 사는 모습도 다 똑같아요. 그렇다면 교실에도 학습의 본질은 남아 있을 겁니다.

어떤 교사가 되고 싶나요.

모습만으로도 배울 수 있는 사람이 되고 싶었고 지금도 그렇습니다. 제겐 그런 선생님이 많이 없었거든요. 배울 점이 많은, 잘 웃는, 내 아이를 맡기고 싶다는 마음이 드는 사람이면 좋겠습니다.

인터뷰 후 지난 학교에서의 시간을 떠올렸습니다. 수많은 시간 동안 들었던 수업들은 과연 어떤 의미의 배움이었을까요? 일일이 의미를 생각하고 배웠던 것은 아니어서 어떤 의미가 특별히 떠오르진 않았습니다. 다만, 선택의 순간에 지난 배움들이 때론 점수로, 말로, 자잘한 기술로 증명해준 덕에 사회에서 제 몫을 찾아 일하고 있다는 것이 유일한 위로였죠. 하지만 이젠 결과의 허울을 떠나 안심이 됩니다. 세상이 바뀌어도 사람들에게 꼭 필요한 본질적인 배움이 있다는 생각을 하게 되었으니까요. 의미 있는 경험도, 제대로 된 프로젝트도 모두 기본에서 시작한다는 걸 같이 기억하고 싶습니다.

"나는 지도를 넓혀주는 선생님입니다"

전인고등학교 김성광 선생님

2019년 4월, 온더레코드에서 열린 디퍼러닝Deeper Learning ● 공유회에 준비해오신 한 장의 그래프에는 학생이 전문가로 성장하는 과정을 그린 곡선이 '재미의 구름'을 지나고 있었습니다. 교사가 더 넓은 세상의 지도를 보여준다면, 학생들은 각자 원하는 지점에서 배움을 시작하며 각자의 성장 곡선을 그려나간다는 것입니다. 학생에게 필요한 배움의 자원을 연결하고 펼쳐 보여주기 위한 다양한 시도를 해온 김성광 선생님을 만납니다.

교사 생활을 시작한 8년 전과 지금은 어떻게 다른가요?

좋은 대학을 가기를 바라는 교육당사자의 수요가 늘어나면서 학교는 점점 경쟁이 치열해졌죠. 대안학교를 지원할 때도 바라는 바가 달라졌습니다. 저는 자율형 대안학교인 전인고등학교에서 체인지메이커 Changemaker●●나 사회적 경제●●●교육 등 세상과 연결되는 교육을 시도하고 있습니다.

왜 세상과 연결하려고 하나요?

그냥 공부하기 싫은 게 아니라 왜 공부를 해야 하는지 모르겠다는 질문을 많이 합니다. '수능특강' 푸는 걸 지루해하고 힘들어하는 학생에게는 체인지메이커나 사회적 경제 활동을 통해 살아있는 배움을 경험하는 것이 대안이 될 수 있겠

● 휴렛 재단의 바바라 초(Barbara Chow)는 '비판적 사고와 문제해결 능력, 협력, 의사소통 능력, 학습 방법 훈련, 학업에 임하는 자세 개발 등 고차원 기술을 적용하여 교육과정을 철저하게 숙달할 수 있는 능력'으로 정의하고 있다(출처: 제임스 벨란카 지음 · 김하늬, 최선경 옮김(2019). 『디퍼 러닝』. 테크빌교육).

●● 혁신적인 아이디어로 세상에 의미 있는 변화와 새로운 가치를 만들어내는 사람들을 말한다.

●●● 양극화 해소, 일자리 창출 등 공동이익과 사회적 가치의 실현을 위해 사회적 경제 조직이 상호협력과 사회연대를 바탕으로 사업체를 통해 수행하는 모든 경제적 활동을 말한다(출처: 한경 경제용어사전, 2018).

다는 답을 갖게 되었습니다. 그러려면 학교 내 자원만큼 학교 밖 자원을 연결하는 것도 중요하죠. 교사는 대안을 보여주고 같이 시도하는 역할을 합니다. 그 첫걸음으로, 연결하려는 기업이나 조직의 홈페이지를 통해 학생이 관심 있을 주제인지를 먼저 확인하고 메일을 보냅니다. 서로의 관심과 필요가 잘 맞으면 생각보다 많은 이들이 호의적으로 재능을 나누어주기도 합니다.

학교에서 했던 시도들이 궁금합니다.

최근 책 『평균의 종말』과 『공부의 미래』를 읽고 지난 시도들이 '개개인성'으로 정리되었습니다. 어떤 방법으로도 한 학년의 30명 학생을 그룹 짓기도, 다른 욕구와 요구를 하나의 프로젝트로 담기도 어려웠습니다. 경제를 배울 때 누군가에게는 탐방 프로젝트가, 다른 누군가에게는 쉬운 경제학 책을 읽거나 물건 하나를 팔아보는 경험이 더 흥미로울 수 있거든요. 이것저것 다 해보면서 학생에게 맞는 것을 찾기 전까지는 스스로 무엇을 좋아하는지 모릅니다. 그렇다면 교사가 할 수 있는 일은 학생이 가진 지도의 영역을 넓게 확장해주는 것 뿐입니다. 활동을 할 때 의미를 모른 채 지나가지 않도록

학생이 가진 역량이나 어려워하는 지점을 알려주는 관찰자
가 되려고 합니다.

학생이 수업에서 필요한 부분을 선생님께 요구하는 방향으
로 대화가 이루어지나요?

그게 가장 이상적이지만, 게임에 비유하자면 시작 단계에서
는 스타크래프트나 롤 게임에서 지도가 좁은 상태입니다. 교
사가 먼저 더 넓은 영역을 보여주고 동의하에 같이 해보는
경험이 여러 번 쌓여서 지도가 확장된 후에야 학생이 흥미
를 발견하고 필요한 것을 요구할 수 있습니다. 능력 수준이
낮은데 프로젝트를 높은 수준으로 제안하면 몰입할 수 없습
니다. 처음에는 섭외를 하고 인터뷰 질문을 만들어보는 데서
시작해서 지도가 넓어지고 성장한 이후에는 스스로 만나고
싶은 사람들을 찾게 되는 것이죠.

최근 배움을 위한 몰입의 환경을 만드는 디퍼러닝 공유회에
서 '선택권으로 깊이 더하기'라는 주제로 사례를 발표했습
니다.

'디퍼러닝'이라는 단어로 말하지 않았을 뿐 프로젝트 기반

학습^{PBL, Project Based Learning}이나 도전 기반 학습^{CBL, Challenge} Based Learning**, 배움의 공동체***, 체인지메이커, 거꾸로교실 수업 모두 흐름은 하나입니다. 어떻게 학생을 배움의 주체로 하는지와 참여를 끌어내는 지점은 어디인지가 핵심이죠. 프로젝트 기반 수업도 학생의 역량과 동기 수준이 다르기 때문에 프로젝트 수업이 성공한다는 표준은 없습니다. 학급당 학생 수가 줄어드는 지금이 학생마다 다른 개개인성에 집중할 기회이자 꼭 필요한 때죠.

디퍼러닝을 실현하기 위해 어떤 환경이 필요할까요?

학생이 선택할 수 있는 여건이 중요합니다. 저는 좋은 여건

- 문제를 발견하고 정의하는 것으로 시작해 새로운 해결책이나 과제를 결과로 도출하는 과정을 통해 문제 해결 능력을 향상시키는 학습 방법을 말한다.
- ● 주목할 만한 이슈나 실제 문제를 해결하기 위한 질문을 던지고 도전 과제를 설정해 다양한 자원을 이용해 해결책을 도출하고, 실천하고 공유하는 협력적 학습 방법을 말한다. 학습 과정에 테크놀로지를 적극적으로 활용하는 것이 특징이다.
- ●● 교육학자 사토 마나부가 창시한 교육 혁신 철학이자 방법론으로, 교실을 모든 학생이 배울 수 있는 열린 공간으로 생각하는 공공성, 교사·학생·학부모가 고유의 역할과 책임으로 학교 운영에 참여하는 민주주의, 교사와 학생 스스로 최고를 추구하는 탁월성을 바탕으로 함께 배우며 더 나은 수업을 만들어가는 방법을 말한다(출처: 손우정(2012). 『배움의 공동체』 해냄출판사).

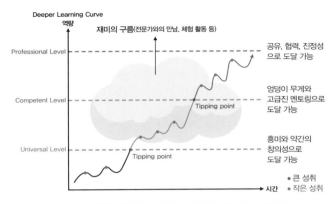

사진 1 디퍼러닝 공유회에서 소개한 러닝커브 그래프, 김성광(2019)

의 학교에 근무하고 있는 것이 사실입니다. 전인고등학교는 학생 대 교사가 5대 1 비율이고 학생이 원하는 선생님을 선택해서 반이 만들어집니다. 미국의 사례를 보더라도 규모가 큰 학교를 위해 건물을 새로 짓기보다는 학급단위를 분류하고 선생님에게 자율권을 주면서 학교 안 작은 학교를 만듭니다.

　　　　교사1인당 수업의 적정인원은 몇 명인가요?

수업의 형태와 내용에 따라 적정 인원이 달라집니다. 토론 수업의 경우 4대 4 구도에 4명의 평가단으로 구성하면 누구도 소외되지 않기 때문에 4명씩 3그룹의 12명을 대상으로 하는 수업이 적절합니다. 프로젝트 수업은 2명으로 구성된 한 팀이 3~4개의 프로젝트를 동시에 진행한다고 가정할 때 6명 정도를 맡아 코칭하는 것이 적절합니다.

프로젝트를 하면서 어떤 점이 가장 어렵나요?

수능이라는 블랙홀이 있습니다. 기획을 직접 했다 하더라도 진학에 도움이 되지 않는다고 생각하면 흥미를 잃어버릴 확률이 높습니다. 학생이 입시 준비에 몰입하는 때에는 기획하고 준비하는 시간이 절대적으로 부족해지면서 교사가 프로젝트에 관여하는 비중이 높아집니다. 현재 우리 사회가 대학을 진학하지 않았을 때 대안이 될 경로가 없으니 당연한 일일지도 모릅니다. 표준화된 시험으로 학생을 선발할 수 있다는 생각을 버려야 합니다.

그 생각에 동의하더라도 여전히 교육 현장에서 실행하기 어려운 이유는 무엇일까요?

두 가지의 전제와 관련이 깊습니다. 첫 번째는 언어적 능력, 수학적 능력이 뛰어난 학생이 모든 것을 다 잘할 거라는 전제입니다. 실제로는 운동을 잘하는 학생, 감성이 뛰어난 학생, 다른 건 다 못해도 물건을 잘 파는 학생이 있듯 가진 능력이 다 다릅니다. 그래서 배움의 과정과 성장을 그린 그래프도 학생의 양상에 따라 다릅니다. 그래프의 아래에 위치해 있다고 수준이 낮다는 의미는 아닙니다. 오히려 전문 영역에 먼저 도전하고 필요한 배움을 찾아가는 흐름의 학생도 있습니다. 하지만 여전히 교육에서는 밑에서부터 위로 차곡차곡 쌓아야 한다는 두 번째 전제가 버티고 있습니다.

재미의 구름이 성장 곡선에서 변곡점을 만드는 데 중요한 역할을 합니다. 교사는 이 구름을 어떻게 만들 수 있을까요? 목공을 배울 때도 처음 대패질, 사포질만 할 땐 재미가 없지만 능숙해지면서 재밌어집니다. 능숙해질 때까지 교사에게 가장 중요한 역할은 학생과 좋은 관계를 맺는 것입니다. 선생님과 친근감이 생기고 관계가 두터워질수록 어려운 내용도 한 번 더 살펴보면서 재미를 찾고 뭔가 해보려고 합니다. 결국 재미의 구름은 관계의 구름을 뜻합니다. 관계를 억지로 만들 수는 없기 때문에 전인고등학교에서는 함께 일주일 동안 자전거를 타기도 하고 지리산 종주를 하기도 합니다. 그러다 보면 자연스럽게 교사와 고민을 함께하기도 하고 스스로 할 일을 찾아가기도 합니다.

그럼에도 불구하고 관계를 맺기 어려운 경우는 없나요?
어떤 노력을 투입하더라도 겉으로 보기에는 계속 똑같은 상태에서 3년을 보내는 학생도 있습니다. 교사가 모르는 깊은 상처가 있는 경우에는 어떤 자극에도 변화를 만들기 힘듭니다. 이럴 때 학교는 계속 학생의 이야기를 들어주면서 힘들어하는 부분을 메꾸고 도약할 수 있는 계기를 만들어주어야 합니다. 친구들과 좋은 기억을 가질 수 있게 해주고, 동기 수준이 넘치는 학생에겐 새로운 사람과 세계를 보여주고, 아직 무엇을 할지는 모르지만 성실한 학생에겐 공부를 충분히 할 수 있도록 해줘야 합니다. 교사를 만나는 단계에서 이 학생이 어느 지점에 있는가를 잘 파악하고 도와주는 게 가장 중요하기 때문에 성적이 오르는 것처럼 겉으로 보이는 큰 성과만으로 성장하기를 바라지 않습니다.

교사가 진학처럼 성과를 보여줘야 하는 환경에서 개개인성은 지켜지기 어렵지 않나요?
TV 프로그램 〈대화의 희열 — 유시민 편〉에서 "80년대 같이 사회의 변화를 꿈꿨던 사람들 중에 변절한 사람이 많은데, 가장 많이 변절하는 케이스가 꼭 내가 이 사회를 변화시켜야 겠다고 생각하거나 이기는 편에 서야겠다고 생각하는 경우다. 결과를 만들어내야 하니까 신념과 맞지 않더라도 결과를 만들어내는 편으로 몸을 담는다. 왜 내가 변절하지 않았느냐 묻는다면 나 자신이 부끄럽지 않기 위해서, 나 자신의 존엄을 지키기 위해서, 내가 외치기 위해서다"라는 대목이 인상 깊었습니다. 교사도 비슷합니다. 내가 꼭 이 학생은 좋은 대학을 보내야 하고 체인지메이커 활동을 잘 알려줘야겠다는 마음이 아니라, 교사로서 부끄럽지 않은 존엄한 존재로 살기 위해 이 활동을 꼭 해야겠다고 생각하면 지금 당장 변화가 일어나지 않더라도 학생 하나하나에 집중하게 되지 않을까요.

교사는 스스로 어떤 성장 곡선을 그려나갈 수 있을까요?
설명의 재미를 인지하는 데서 시작해 설명을 위해 지식을 소화하는 방법을 고민하면서 다양한 수업방법을 접하고 공부합니다. 10~20년이 지나면 교과서가 머릿속에 있어서 다른 환경의 교실과 개별 학생의 다양한 요구 수준에 유능하게 대처하고 전달할 수 있게 되죠. 전문가에게 가구 제작을 맡기면 마음에 쏙 들면서도 멋지고 창의적인 가구를 만들어내듯, 능숙함을 넘어서 학생들과 소통하는 자신만의 방법으로 교수법과 학습 도구를 만들어낼 수 있습니다. 단순히 월급을 받는 직업을 넘어 일의 재미를 느끼고, 학생과 함께 성장할 때 교사는 새로운 것을 찾게 됩니다. 하지만 대부분 교사는 시간도 자율성도 없이 많은 학생에 둘러싸여 있습니다. 재미를 느끼고 능숙한 단계로 도약할 여력을 만들기도 전에 지쳐버리는 것이 현실입니다.

체인지메이커 활동을 하면서 만난 열정적인 교사는 어떤 점이 다른가요?

재미의 구름을 타고 다닙니다. 에너지가 많고 아이디어가 넘쳐서 퍼스트 펭귄*처럼 아이디어를 구체화하기 위해 바로 실행에 옮기는 분도 많습니다. 개개인성의 핵심 중 하나는

---

* 선구자 또는 도전자의 의미로 사용되는 관용어로, 남극 펭귄들이 사냥하기 위해 바다로 뛰어드는 것을 두려워하지만 펭귄 한 마리가 먼저 용기를 내 뛰어들면 무리가 따라서 바다로 들어간다는 데에서 유래되었다(출처: pmg 지식엔진연구소(2018), 『시사상식사전』).

다양한 교사의 존재입니다. 기초지식을 재미있는 교수법으로 풀어내는 교사부터 공부를 즐겁게 만드는 교사, 가족 같은 교사까지 다양한 교사가 자율성을 가지고 한 공간 안에 있다는 것이 중요합니다.

앞으로 어떤 교육자가 되고 싶나요?

다양한 교사의 모습 중 저는 자유롭게 움직이는 교사입니다. 학생과 같이 동기를 주고받으며 배우고 있습니다. 체인지메이커 활동을 가장 많이 하는 만큼, 학생들이 조금 더 세상과 연결해 배우고 더 재미있는 사회적 실험의 계기를 만들도록 촉진하는 교육자가 되고 싶습니다.

자기도 모르는 반짝이는 순간을 발견해주는 사람이 있습니다. 그 순간 새로운 분야로의 시야가 밝아지고 필요한 기술이 능숙해질수록 작은 손전등에서 큰 랜턴을 얻은 것처럼 멀리까지 내다볼 수 있게 됩니다. 지도가 넓어지는 순간은 어쩌면 배의 키를 1도 돌린 것처럼 시간이 지나 생각지 못했던 위치에 서 있게 할 수도 있는 중요한 순간입니다. 그렇다면 교육자의 지도는 어떻게 넓어질 수 있을까요? 정해지지 않은 질문들을 던지면서 자연스럽게 서로에게 배우고, 재미의 구름을 넘나들면서 노하우를 주고받고, 자잘한 굴곡들을 계속 넘는 한 명 한 명의 시도가 조명받는 자리를 만들어 보고 싶습니다. 재미있는 성장 곡선을 그리는 교육자들을 더 많이 만날 수 있기를 바라봅니다.

"나는 동등한 관계를 맺는 선생님입니다"

이화미디어고등학교 이윤승 선생님

학생과 선생님이 서로 반말하는 모습을 다룬 영상으로 먼저 알게 되었지만, 이윤승 선생님께 '수평어'는 삶과 일상의 의문을 푸는 하나의 방법일 뿐입니다. 학교가 600명의 학생과 60명의 교사가 아닌 660명의 학교 구성원으로 이루어졌다는 관점에서 교사와 학생 간 관계 맺기가 시작됩니다.

모두가 지지하지는 않습니다. 그렇다고 주저하거나 지속하는데 도움이 필요하진 않습니다. 저는 교사 집단에 속한 1명이지만 학교라는 공간 전체에서 보면 학생 600명에 교사 60명으로 구성된 사람 660명 중 1명일 뿐입니다. 그중에 의견이 잘 맞는 사람 하나쯤은 있죠. 모두가 같은 방향으로 갈 필요는 없습니다. 각자 다른 모습과 색깔을 가지고 자신과 맞는지 안 맞는지 선택할 수 있는 가능성을 열어두면 그만이죠. 학교에서는 색이 드러나지도 다양하지도 않다는 게 아쉽습니다. 스스로 모범이 되어야 하고 학생을 바른길로 인도하는 역할로서의 교사는 자신의 색깔을 드러내기보단 중립을 추구하게 되는 것 같습니다. 누구에겐 신념일 수도, 누구에겐 두려움일 수도 있죠.

반면, 선생님은 SNS에 솔직하게 의견을 표현하는 편입니다. 하고 싶은 말을 거리낌없이 하는 편입니다. 저와 비슷한 의견을 가진 학생뿐만 아니라 생각이 달라 저를 싫어하는 학생도 대화하면서 저를 이해하는 폭이 더 넓어질 겁니다. 권력을 가지고 있지 않아야 한 사람 개인의 이야기로 남습니다. 제 생각을 이야기할 뿐 다른 의견이 틀렸다고 하지는 않죠. 학생이 언제든 말할 수 있는 상황을 만들면서 저도 자유롭게 이야기하기 위한 하나의 방법입니다. 반말도 상대방과 같은 언어를 쓰고 싶다는 생각으로 시작했습니다.

보통 학교에서 가장 규율이 세다는 방송반을 맡고 있기도 합니다. 선생님이 맡은 후 달라진 점이 있나요?

맡아보니 말 그대로 규율이 센 곳이었지만 모두가 군기를 싫어하는 이유만 알면 없어질 거라 생각했어요. 방송에서는 실수하면 안 되니까 긴장하라고 시작한 것이 군기인데, 방송국도 실수하는 마당에 학교 방송부는 왜 실수하면 안 되는 건지 의아하더라고요. 알고 보니 문화에 익숙해진 것도 이유였지만, 실수에 대한 지적으로 시작해 선생님에게서 후배 학생까지의 화가 군기의 형태로 전해지고 있었어요. 방송반을 맡고 가장 먼저 이 흐름을 끊고 실수해도 괜찮은 환경을 만들려고 했습니다. 자기가 실수하고 싶지 않아서 안 하는 건 괜찮지만 누군가에게 혼날까 봐 실수하지 않으려 한다면 그냥 실수해도 됩니다. 잘하고 싶어 하는 욕구는 살리되 누군가가 실수를 지적하지는 않길 바랐어요. 외부의 지적과 요구는 교사가 막고 학생은 뉴스, 라디오, 라이브 방송 등 하고 싶었던 것들을 마음껏 해보도록 했습니다. 예전의 방송반은 늘 백스테이지에서 준비하는 역할을 맡았다면 지금은 주인공이 되어서 어떤 일을 하는지 친구들에게 알리는 영상도 만들고 음악방송 라인업도 직접 기획하고 있어요.

이 문화를 지속하기 위해서는 무엇이 필요한가요?

재밌으면 알아서 합니다. 오래 걸리더라도 연초에 일 년 동안 하고 싶은 것을 함께 이야기하고 정합니다. 말을 꺼낸 사람이 주도하지만 결과물에 신경 쓰지 않아요. 하기 싫으면 아무것도 하지 않아도 좋고, 중간에 하고 싶은 게 생겨서 시작해도 도중에 그만둬도 됩니다. 부담 없이 시작하고 안 되면 마는 거죠. 계획한 10개의 영상 중에 1개만 만들어지더라도 적당한 결과물에는 적당한 성공에 대한 쾌감과 경험이 따라오고, 다음 시도의 좋은 동기부여가 되죠. 앞으로는 리더 없는 조직을 만들고 싶습니다. 리더가 없다는 건 적당한 책임 아래 누구나 리더가 되어야 한다는 의미입니다. 스스로 동기를 찾지 않으면 소용이 없어요.

수학 수업을 시작할 때 문제를 푸는 방법보다는 수학 문제를 풀 때 어떤 생각과 태도로 공부하면 되는지 이야기해주는 편입니다. 비슷한 문제를 풀어봤는지에서 시작해 어떤 개념에서 출발한 문제인지를 스스로 묻도록 합니다. 이 질문은 인생에서 맞닥뜨리는 문제 앞에서도 유효하죠. 비슷한 상황에서 어떻게 문제를 해결했는지 생각하며 시작점을 잡아, 당면한 문제의 핵심 주제를 파악하고 필요한 공식을 찾듯 자신에게 빠르게 질문을 던지며 답을 찾아나가는 과정이 수학 문제 하나를 푸는 것과 비슷합니다. 수학은 문제 해결을 위해 많은 정보가 있어야 하는 다른 과목과는 달리 한 단원에 필요한 지식으로 단시간 안에 질문을 주고받으며 문제를 해결해보는 패턴을 연습하기에 좋습니다. 어떤 단원이든 상관없이 수학을 한 번쯤 꼭 배워야만 한다면 이렇게 문제를 풀었다는 경험만으로도 충분합니다.

그렇다면 수학에선 많은 문제를, 삶에선 많은 경험을 해보는 것이 우선인가요?

많은 문제를 푸는 것보다는 필요할 때 기억을 떠올릴 수 있는지가 중요하죠. 한 문제를 풀어도 어떻게 풀었는지 한 번 더 생각하고, 더 잘 풀 수 있지는 않았는지, 더 단순하게 풀 수는 없는지 뇌가 잘 기억하는 방식으로 고민할 수 있습니다. 기억을 책꽂이에 꽂고 뇌 속에 정리해 인덱스를 붙이는 작업입니다. 문제를 푼다는 건 나만의 분류를 만드는 것과 같죠.

선생님이 생각하는 인간관계를 수학으로 나타낼 수 있을 까요?

인간을 하나의 점이라고 생각해보면, 2차원이라면 2개의 속 성이 점 하나를 설명하고, n차원이라면 n개의 속성이 점 하 나를 설명합니다. 점과 점을 연결해 관계의 심리적 거리를 계산할 수 있을 텐데, 점이 가까워진다면 비슷한 속성을 가 지고 있다는 뜻이 되겠죠. 차원을 달리 보면 점은 선이 될 수 도 있습니다. 평행선이 아니라면 언젠간 만나겠지만 평행선 이더라도 공간을 뒤집는다면 만나게 할 수 있습니다. 관계의 평행선을 달리는 학생들이 고유한 속성을 버리지 않고도 하 고 싶은 대로 하면서 만나게 하는 방법은 상황과 공간을 변 화시키는 거예요.

다양한 학생들이 관계를 맺는 작은 단위가 교실이라면, 선생님이 바라는 교실은 어떤 모습인가요?

요즘 청소당번 없는 교실을 생각하고 있습니다. 유럽의 어느 아나키스트가 말한 "우리 사무실은 당번이 없는데 늘 깨끗해요"라는 말이 멋지더군요. 하지만 이렇게 되기엔 아직 서로의 관계가 유기적이지 않습니다. 자발적으로 모인 소수가 조직에 대한 애정이 클 때 가능하죠. 방송반은 느슨하게 실현되고 있지만 하나의 교실은 그 누구도 원해서 온 게 아니어서 애정이 생기는 것부터 어렵습니다. 공간도, 만나는 사람도, 그저 이 교실이 좋아서 학교에 오고, 그래서 깨끗하면 좋겠다는 마음이 절로 생기길 바랍니다.

고등학교를 자퇴하며 학교를 떠났다가 교사가 되어 다시 학교로 돌아왔습니다.

학교의 권위주의적이고 집단적인, 그리고 폐쇄적인 환경을 답답하게 느꼈습니다. 학교를 그만두니 살 것 같다는 마음과 동시에 학교에 있는 사람들이 떠오르며 '나만 이렇지는 않을 텐데, 나 같은 학생이 많을 텐데' 싶었어요. 나 같은 학생에게 대화 상대가 되어주고 싶다는 생각에 다시 학교로 돌아가려고 교사를 준비했습니다. 수업을 잘해서 학생의 성적을 올리든지, 어떤 수업을 하든지, 수업이 진로에 도움이 되는지는 관심이 없습니다. 학교라는 곳이 덜 괴로운 곳이 되는 것이 제 목표입니다. 지금도 학교에서 과거의 저 같은 학생을 만날 때마다 교사하길 참 잘했구나 싶어요. 학교에서 스트레스를 받거나 당면한 문제 앞에서 견디지 못할 때 위로해주고 함께 싸워주고 싶습니다. 제가 계속 교사를 하는 이유죠.

다른 필요에서 성장해 다양한 삶을 보여주는 교육자가 필요하다는 생각이 듭니다. 교육자를 양성하는 교육기관이 변화해야 한다는 의견은 어떻게 생각하시나요?

다양한 사람들이 교사가 되기를 바라지만 교육기관에서 일일이 만들어줄 수는 없다고 생각합니다. 제게 가장 영향을 준 수업을 꼽으라고 한다면 교육학 수업도 아닌 철학, 사회학 같은 교양 수업이라고 답합니다. 대학은 쓸모보다는 어떤 교사가 되고 싶은지에 대한 모델을 정하고 만들어가는 과정이라고 생각합니다. 어떻게 수업을 할지는 스스로 찾아서 배워야 하는 몫입니다.

어떤 교사가 많아지기를 바라나요?

학생이 배울 만한 사람 말고 대화할 만한 사람이 많았으면 좋겠습니다. 교사도 학교에서 뭐 하면 재미있을지, 학생과 어떤 이야기를 하고 싶은지 생각해볼 수 있죠. 대화의 즐거움을 전하는 사람들이 있다면 학생도 마음 놓고 대화를 시작할 겁니다.

💬 인터뷰 노트

"수학 문제를 풀고 어떤 경험을 하는 것이 뇌 속에 자기만의 분류를 만들고 인덱스 작업을 하는 것과 같다"는 이윤승 선생님의 말처럼 이번 인터뷰는 다른 사람의 책장을 살펴본 것 같습니다. 책을 고른 이유와 그때의 생각이 들어 있어서 베스트셀러에 가려진 다른 생각들을 찬찬히 읽어본 기분입니다. 인터뷰에 싣지 않았지만 마지막으로 던진 '다른 교육자에게 궁금한 점은?'이라는 질문에, 선생님은 "왜 교사가 되었는지, 처음 가졌던 질문에 대한 답을 찾았는지, 아직도 그 질문은 유효한지 묻고 싶다"라고 답했습니다. 온더레코드에서 각자 다른 방식으로 풀어낸 다양한 답을 만날 때마다 기쁩니다. 앞으로 더 많은 질문과 나름의 답을 찾아가는 교육자를 만나길 기대합니다.

"나는 재미있는 수업을 찾는 선생님입니다"

거꾸로캠퍼스 위지혜 선생님

위지혜 선생님을 만나면 대화 중 "수업하고 싶다"는 말이 빠지지 않습니다. 과연 수업하고 싶은 마음은 무엇일지 궁금했습니다. '학생들이 쉬는 시간보다 수업시간을 더 재미있게 생각할 수는 없을까?'라는 질문을 초등학교에서의 거꾸로교실로 해결한 선생님의 새로운 도전은 거꾸로캠퍼스에서 계속되고 있습니다.

수업하고 싶다는 이야기를 많이 했어요.

거꾸로교실을 하기 전에는 아무리 학생이 나를 좋아하고 함께 있는 게 즐거워도 학생이 없는 시간이 훨씬 좋았어요. 수업시간 안에 사고 안 나게 잘 데리고 있다가 집에 보내면 미션 완료니까요. 지금은 학생과 뭔가를 함께 하는 게 더 좋아요. 수업하면서 학생이 재미있거나 힘들어하는 부분이 어딘지 확인하는 게 요즘 제 미션이거든요.

수업에 대한 고민은 어떻게 시작했나요?

2015년에 교사 3년 차가 되며 처음 6학년을 맡으면서 당시 학생들이 제 수업을 힘들어한다는 걸 느꼈습니다. 그때부터 학생에게 도움이 되는 교사인지를 고민하기 시작했습니다. 학교에서도 선배 교사로서 "이제 일을 할 때"라는 이야기를 많이 하셨는데, 그때마다 교사의 일이 무엇인지 자신에게 많은 질문을 던졌어요.

인정받는 교사의 일과 선생님이 생각하는 교사의 일은 어떻게 달랐나요?

저는 학교 업무를 많이 하면서 일을 배워서 2년 후에는 부장 교사를 하거나 후배 교사를 가르치는 일보다 교실에서 학생의 변화를 고민하는 것이 교사로서의 제 일이라고 여겼습니다. 내 삶을 되짚어보더라도 멀쩡히 잘 다니던 대학에서도 다시 들어간 교대에서도 늘 재미있는 것을 찾아왔기 때문에 학생도 재미있는 수업을 경험하기를 바랐습니다.

일을 잘하는 것이 재미있는 수업을 하는 것이라면 어떻게 자신을 평가할 수 있을까요?

학생의 표정을 보면 알 수 있습니다. 수업이 엉망일 땐 눈을 마주치고 표정을 확인하는 게 무서웠어요. 학생들이 하나같이 무기력하게 있는 모습은 정말 공포스러운 장면이거든요. 학교에서 많이 했던 공개수업, 토론회에선 내가 얼마나 설명을 잘하고, 학생에게 발표를 시키고, 모두가 발표를 고르게 할 수 있는지를 배웠을 뿐, 학생이 어떻게 하면 재밌게 수업을 참여하는지, 많이 참여한다는 의미가 무엇인지는 알기 어려웠습니다. 무조건 움직이게 하는 활발함과는 다른, 교실이 살아있는 수업을 하고 싶었죠.

재미있는 수업은 어떻게 찾을 수 있나요?

어떤 교사가 좋은 교사인지를 고민하면서 1년 동안 현장연수를 더해 250시간 넘게 연수를 받았어요. 거꾸로교실은 그중 하나였죠. 첫 모임을 갔는데 "왜 선생님이 강의를 하느냐"라고 묻더라고요. 기존에는 가지고 있던 수업의 틀 안에서 재미있는 수업을 어떻게 잘 구현할 수 있을까를 고민했다면 이때를 기준으로 틀 자체가 좋은 틀인지 고민하게 되었죠.

고민의 기점을 앞으로 당겨 살펴본다는 건 많은 수고를 더하는 일일 것 같아요.

새로운 시도는 망하는 게 세트라 피할 수가 없어요. 한번은 열심히 준비한 수업이 망해서 왜 그런지, 다음엔 어떻게 하면 좋을지 학생에게 물어봤더니 생각보다 진지하게 답해주더라고요. 같이 수업을 만든다는 감각은 망한 수업에서 시작했어요.

실패를 공유한다는 건 수업이 나아지리라는 확신이 있었기 때문일까요?

망한 수업을 이야기하는 건 한 번이 어렵지 두 번은 쉽습니다. 내 수업을 같이 고민해주는 선생님들과 망한 수업에 관해 이야기하고 받은 피드백을 반영해 수업해보면 실제로 교실에서 아이들이 변하고 아이들이 저를 보는 시각도, 제가 아이들을 보는 시각도 바뀌어요. 수업의 주도권을 학생에게 돌려주라는 조언을 반영해 수업을 변화시켰던 도전이었습니다.

  교사로서 수업이 잘 풀리고 좋은 평가를 받을 무렵 거꾸로 캠퍼스로 옮겼습니다. 그 이유가 궁금합니다.

사쵀수프*를 만났어요. 분명 재미있었지만 소규모의 프로젝트를 하기에도 학교에서는 부딪히는 한계가 많았습니다. 과연 끝까지 한다면 어디까지 가능한지 마음껏 실험해볼 수 있는 곳이 필요했습니다. 마침 거꾸로캠퍼스가 만들어진다는 소식을 들었고 처음부터 만들어가는 과정을 경험하고 싶어 결심했죠. 네트워크를 리드하는 분들 중에서도 처음부터 모임에 참여한 사람과 중간에 들어온 사람의 이해 폭은 분명히

---

* 사상 최대 수업 프로젝트. 배움을 주변의 문제를 발견하고 해결하는 것으로 이어보는 프로젝트를 말한다.

달랐고, 주어진 일만을 하게 되는 학교에서는 얻을 수 없는 드문 기회였어요.

아무도 가지 않은 길을 가면 어려운 순간이 오기 마련입니다. 어떻게 실험을 지속하나요?
동료의 힘과 성장의 순간이 있어서 지속할 수 있습니다. 밖으로 잘 드러나지 않은 일을 해내며 인정받지 못하는 상황에도 함께 잘 할 수 있는 방법을 논의했어요. 그리고 어김없이 성장 그래프가 반등하는 순간이 찾아왔죠. 힘들지만 꾸준히 하다 보면 변화가 올 거라는 자신감이 생겼어요.

지금 거꾸로캠퍼스에서는 어떻게 수업을 준비하고 있나요?
일반 학교와 다른 환경에서 어떻게 학생에게 동기부여를 할 수 있을지 고민합니다. 예를 들어, 한국사 수업의 목표가 역사를 읽어서 현재를 해석하는 것까지 도달하는 것이라면, 교사로서 역사적 배경이나 지식을 전달하는 것뿐만 아니라 학생이 하는 프로젝트에 반영할 수 있는 시각을 던져주려고 합니다. 수업이 과목 중심에서 모듈 단위*의 주제 중심으로 바뀌면, 수업의 목표를 이루기 위해서 과목의 경계를 넘나들며 공부해야 합니다. 그때는 학생과 함께 공부하듯이 수업하기도 하죠. 물론 재미있고 즐거운 수업 이면의 아쉬움도 있습니다. 배정된 3시간 동안의 수업이 잘 되어야 다음 수업으로 넘어갈 수 있기 때문에 무게감도 크고 준비하는 데 시간도 많이 듭니다.

앞으로 어떤 시도를 해보고 싶나요?

이번 모듈에서 진행하고 있는 수학 수업을 방과 후 형식으로 테스트해볼 예정이고, 사춰수프도 끝까지 잘 해보고 싶습니다. 작은 시도에서 시작하는 교실 안에서의 사춰수프와는 달리 고민의 깊이가 깊고 프로젝트 규모가 상대적으로 큰 거꾸로캠퍼스에서 학생이 성공하든 망하든, 망한다면 왜 망했는지 회고하고 솔루션을 내는 것까지 해내는 모습을 보고 싶습니다.

어떤 선생님이 되고 싶나요?

멀고 거대한 교육에 대한 고민보다는 오늘, 이번 주, 이번 모

● 거꾸로캠퍼스는 1년을 2학기로, 한 학기를 2개의 모듈로 구성한다.

듈의 수업이 학생을 어떻게 변화시킬지 고민합니다. 학생에 대해 잘 알지 못하면 제대로 된 조언이나 격려도 할 수 없습니다. 많은 사례와 다른 선생님의 이야기를 듣고, 어떤 학생이 있는지, 어떻게 해야 하는지 강연, 책, 세미나를 찾아보면서 학생이 가진 장점과 필요로 하는 것을 정확히 볼 수 있습니다. 섣불리 단정 짓지 않고 필요한 것을 제때 주는 교사이고 싶습니다.

💬 인터뷰 노트

일하는 마음과 태도를 가다듬을 때가 있습니다. 내가 하는 일의 의미를 찾기 위해서이기도 하지만 결국 일의 전문성을 갖춘다는 건 일을 대하는 태도에서 비롯된다는 첫 인터뷰의 주인공, 김주현 선생님의 말을 다시 떠올려봅니다. 고등학교 때까지는 교사로서의 일을 생각하면 교실에서 수업하는 선생님을 생각했지만, 직장인이 되어 다시 들른 고등학교에선 교무실에서 일어나는 수많은 일들, 특별 활동을 지도하는 선생님들의 사전 준비 과정들이 다시 보였습니다. 다음 세대를 만나는 교육자가 가진 매일의 촘촘한 고민과 끝없이 이어지는 질문이 모이면 분명 상상했던 재미있는 수업과 가까워지리라 생각합니다. 새로운 배움을 향한 실험을 늘 응원합니다.

"나는 낯선 경계로 안내하는 선생님입니다"

이천양정여자고등학교 이태경 선생님

지난해 열 명의 청소년들의 성장을 따라가는 인터뷰 시리즈 〈틴스토리Teen Story®〉에서 청소년 주도 연구 프로젝트, 고등학자와 주변의 문제를 메이킹으로 풀어보는 메이커 프로젝트를 했던 두 명의 학생을 만났습니다. 인터뷰에서 빠지지 않는 이름이 바로 이태경 선생님이었습니다. 지금도 학교 안팎의 경계에서 학생들을 위한 새로운 경험의 기회를 만들고 있는 이태경 선생님과 이야기 나눕니다.

대학에서 언어를 전공하는 많은 학생이 졸업 후에 무역이나 해외영업의 길을 걷습니다. 선배들을 따라 하게 된 해외영업직은 언어만 중국어일 뿐 온통 철강이나 금속에 관한 일이었어요. 관심 분야도, 잘할 수 있는 것도 아니어서 스스로 동기부여하기 어려웠죠. 회사를 그만둔 뒤에 이직을 준비하며 중국어 강사 자리를 추천받았는데 제가 배우면서도 좋아했던 중국어를 학생에게 전하는 작업이 꽤 재미있었어요. 그러면서 교육에 관심이 생겨 교육대학원에 진학했습니다. 회사생활을 할 땐 일을 더 잘하려고 퇴근 후에 공부한 적이 없었는데 학교에서는 내일 더 좋은 수업을 하려고 자기 전까지 수업 준비를 하고 있더라고요.

교사로 커리어를 바꾸면서 생각했던 선생님의 모습이 있었나요?

처음엔 중국이라는 나라와 언어에 관해 관심을 가질 수 있도록 안내하고 중국어를 재미있게 배울 수 있도록 도와주

● https://brunch.co.kr/magazine/teenstory

는 선생님이 되기를 바랐어요. 중국어 교사 커뮤니티에서 연극이나 음악으로 중국어 수업 방법을 많이 나눴죠. 하지만 여전히 일정한 범주 안에 있었습니다. 지금은 교사 경력이 쌓이면서 교과 이외에도 교사로서 갖추고 싶은 모습에 대한 바람이 더 큽니다. 학생들과 공감하며 대화하고, 학교 밖의 다양한 세상을 살펴보고, 다음 세대를 위한 교육을 연구하고 실천하고, 비교과 수업에서 학습을 촉진하는 역할들이죠.

실제로 학교 안에서 담당하시는 교과 이외에도 많은 프로젝트를 운영했습니다. 어떤 것들이 있었나요?

학생이 학교 안에서 도전할 수 있는 환경을 만들어주기 위해 시작한 '창업가정신교육'과 '체인지메이커 학교', 비교과나 교육프로그램으로서의 예술이 아닌 삶을 누리고 표현하는 환경을 만드는 '학교 안 예술학교', 주체적으로 배움을 깊게 파고들어 가는 경험을 하는 '고등학자'가 있었습니다.

프로젝트를 만들거나 선택할 때 기준이 있나요?

꼭 학교에서 해야 하는 것인지 먼저 고민합니다. 수준으로 나누기보다는 꼭 학생에게 필요한지, 역량과 이어지는지, 자발성에 영향을 미칠 수 있는지, 경험의 폭을 늘릴 수 있는지, 청소년기에 경험할 필요가 있는지, 자신의 고유성을 알고 목소리를 내는 데 도움이 되는지 등입니다. 결국 방향은 미래 교육에 대한 고민과 맞닿아 있습니다. 입시를 앞두고 있더라도 청소년기에 꼭 해봐야 한다고 생각하는 것들을 우선하고 있어요.

학생이 학교에서 세상을 만날 수 있도록 문을 열어 보여주는 역할을 해오고 있습니다. 왜 이 방법을 선택하셨나요?
첫째, 호기심을 심어주는 건 강력한 배움의 욕구를 일으키는 가장 좋은 방법입니다. 둘째, 배움을 자기 것으로 만들고 세상에 적용할 수 있는 기회가 주어질 때 역시 배우고자 하는 욕구가 생깁니다. 이 두 가지를 우선하는 이유는 청소년이 세상과 만나고 사회에 참여하는 것은 당연히 누려야 하는 권리이기 때문입니다.

지금의 선생님에게 영향을 주었던 경험이 있나요?
교육 애플리케이션을 만드는 '교육 해커톤'에 참여했었어요. 다수가 개발자, 기획자, 디자이너인 곳에서 교사는 소수였죠. 교육을 주제로 할 수 있는 다양한 시도와, 교과가 아니어도 얻을 수 있는 넓은 경험의 폭과 가치가 있다는 걸 알게 된 순간이었습니다. 지금 제가 시도하고 있는 많은 프로젝트 역시 학교 내부의 역량으로만 이루어지지 않습니다. 학생이 지식을 쌓아 교실에서의 생각으로 끝나는 것이 아니라 자신의 삶과 세상에 적용할 수 있도록, 모든 경험이 교사에게만 모여 있지 않도록 사회의 자원들을 연결하고 있습니다.

그 이후로 교육적인 가치가 있고 학교에서 접하기 어려운 다양한 경험의 기회를 주는 프로젝트라면 시작했어요. 그렇게 시도한 창업가정신교육은 그저 도전할 수 있는 환경을 만들어주고 경험해볼 수 있는 새로운 길을 안내해주는 것이 교사의 역할의 전부였지만 짧은 시간 안에 학생이 세상에서 찾아낸 기회와 문제, 가치를 쫓아 도전하고 만들어낸 변화는 결코 작지 않다는 걸 확인했어요. 이 이야기가 밖으로는 책으로, 다큐로, 학생의 목소리로 퍼져나가고, 학교엔 후배들에게 전해져 문화로 자리잡았습니다. 5년째 체인지메이커 학교가 지속되고 있죠.

처음 시도하는 프로젝트의 신선함이 주는 학생의 관심과 몰입과는 달리 프로젝트를 지속하면서 모든 학생을 만족시키기 어려운 상황에 부딪히게 됩니다. 낮은 참여율로 나타나기도 하고요.

교육프로그램이 좋으면 학생의 반응이 좋을 거라고 생각했던 건 순전히 교육자로서의 생각이었습니다. 창업가정신교육을 하면서도 좋은 프로그램에도 학생의 반응은 제각각이었어요. 의외로 많은 수의 학생이 몇 번 하고 안 나오거나, 수업을 듣는 것은 좋아하지만 실제로 행동으로 옮기려 하지 않더라고요. 교육적 필요가 있다고 해서 학생이 반드시 해야 할 이유는 없습니다. 학교가 충분히 새로운 시도를 하고 뛰어놀 환경이 만들어져 있지 않은 데다 필요성도, 실질적으로 얻게 될 이득도 보이지 않는 프로그램을 교육자가 좋다고 해서 할 수는 없어요. 그 이후로는 해보고 싶은 마음이 들고, 해도 된다는 메시지를 전달하는 환경을 학교 안에 만드는 것이 중요하다고 생각해서 요즘은 그 일에 집중하고 있습니다.

프로젝트의 활성화에 영향을 주는 다른 요인은 무엇이 있을
까요?

학부모의 지지 없이는 학생의 동력을 이끌어내는 데 한계가
있습니다. 체인지메이커 학교나 학교 안 예술학교처럼 4학
기 이상 이어가야 하는 프로젝트는 특별한 신청서를 받습니
다. 앞장에는 학생에게 이 프로젝트를 하고 싶은 이유와 만
들고 싶은 변화를, 뒷장에는 학부모에게 학생의 프로젝트 참
여에 대해 어떻게 생각하는지, 허락한다면 지지하는 이유를
적게 합니다. 몰랐던 자녀의 생각에 놀라며 지지 글을 적어
주시는 분들도 많습니다.

교사가 학교 안에서 새로운 프로젝트를 시작할 때 어떤 것
을 준비하면 좋을까요?

학교 일로 바쁜 상황에서도 계속 밀고 나가기 위해선 프로젝
트를 하는 이유가 명확해야 합니다. 유행 따라 하기보단 스
스로 왜 해야 하는지 분명한 이유를 만들면서 학교의 비전과
연결 지을 수 있다면 좋습니다. 4차 산업혁명의 시대에 꼭 필
요하다는 이유보다는 왜 우리 학교에서, 왜 1학년 때 해야 하
는지 학교 교육과정 안에서 계획하는 프로그램의 위치를 찾

아보는 거죠. 지금 하고 있는 시도들이 해볼 만한 가치가 있다는 자신에 대한 신뢰와 이 믿음을 지지해주고 함께해주는 동료, 실제로 일어나는 학생과 학교에 영향을 미치는 긍정적인 변화가 제가 새로운 시도를 지속하는 힘입니다.

앞으로 선생님은 어디를 향하고 있을까요?

하던 걸 잘하고 싶습니다. 하던 거니까 계속해야 한다기보다는 프로젝트의 의미와 가치를 보고 시작했던 만큼 시도와 좋은 결과에 만족하며 끝내지 않고 지속할 수 있도록 단단하게 뿌리내리고 싶습니다. 그리고 계속해서 세상을 향한 더듬이를 세우고 있을 거예요. 세상이 변하면서 계속 필요한 것이 생기기에 다양한 답을 만들면서 나아가야 하죠. 배우는 능력을 키우는 방법도 그만큼 다양할 겁니다. 추구해야 할 새로운 교육적 가치와 시도들, 역량을 키울 수 있는 교육을 향해 더듬이를 세우고 학교에 적용할 수 있는 방법을 찾아보려고 합니다.

지금 주목하고 있는 교육 키워드는 무엇인가요?

미래교육입니다. 미래를 조금 더 구체적으로 상상하면 2030

년에 성인이 될 현재 중학생들에게 어떤 교육이 필요할지 고민하고 있습니다. 29개 국가가 참여한 OECD 미래교육 프로젝트의 연구 결과에서, 역량은 지식과 지식을 다루는 스킬, 태도가 합쳐져 만들어진다고 합니다. 배움은 정답을 말하기보다는 새로운 가치를 만들고, 다양해지면서 심화하는 갈등의 긴장감을 조절하고, 선택에 대한 충분한 책임을 질 수 있는 방향을 향해야 한다고 말합니다.

　지금 하고 있는 프로젝트에는 이 결과들을 참고하고 있습니다. 수행평가로 보고서를 제출하고 끝나는 것이 아니라, 조사한 것을 온라인 백과사전에 등재하여 인터넷 환경 개선에 기여해보거나, 학교에서 새로운 공간을 건축할 때 직접 사용자 경험을 조사해보고 분석하여 설계에 반영하면서 필요한 공간을 만들어보는 등 다양한 방식으로 '새로운 가치'를 만들어보고 있습니다. 또 자신의 고유성을 관찰하고 표현하는 것, 다양성을 존중하는 것, 미래사회에서 잘 살아가는 데 필요한 다양한 문해력(디지털·미디어·신체 문해력)을 갖출 수 있도록 돕는 것, 사회에 참여하고 자신의 선택에 대한 책임 의식을 기르는 것도 중요하다고 생각해 관련해 학교의 지원을 받아 환경을 만들거나 직접 해볼 수 있는 프로젝트와 교과학습을 만들며 지원하고 있습니다.

　　교육자로서 가장 필요한 것은 무엇인가요?

교사도 학생 때의 한 번의 배움으로는 살아가기 어려운 세상에 살고 있습니다. 먼저 많은 분야에 관심을 가지고 끊임없이 배우는 것이 중요합니다. 교육과 연계할 수 있는 다양한 사회의 이슈, 이용 가능한 자원, 교육 방법과 사례, 새로운 기술에 대한 접근이 쉬워야 하고, 아카이빙되어 재가공이 가능한 다양한 형태의 지원이 필요합니다. 정보가 모이는 커뮤니티, 필요한 것을 배우기 위한 재정비의 시간, 교육적 시도와 실천을 위한 재정적 지원, 영감을 줄 수 있는 사람들이 있다면 변화에 대처하면서 배우는 법을 알아야 하는 다음 세대와 교사에게 도움이 될 거예요.

김초엽의 소설 『우리가 빛의 속도로 갈 수 없다면』에는 인간과 다른 행성의 외계인, 같은 일을 하게 된 전 세대와 다음 세대, 사후 데이터 화된 마인드와 생존자, 인간과 물건, 다른 행성으로 떠난 가족과 길이 끊긴 남은 가족의 관계가 등장합니다. 단절되었던 관계가 다시 이어지면서 단절된 이후 잊혔던 존재들의 면모가 자세히 보이고 관계는 더 특별해집니다. 이태경 선생님과의 대화를 정리하며 학생이 교실에서의 지식을 세상에서 확인하고, 교육에 대한 고민을 함께할 동료를 만나 다양한 프로젝트를 시작하는 대목에서 소설의 장면들을 떠올렸습니다. 학교 안과 밖이, 배움과 실제 세상이 언뜻 멀어 보이지만, 그것이 만났을 때 멋진 일들이 일어나니까요.

"나는 시간을 내어주는 선생님입니다"

문구점 응 이중용 대표님

스스로 천직이라고 말할 만큼 사랑하고 좋아하는 교직을 떠나 문구점을 열었습니다. 하지만 여러분이 생각하는 흔한 문구점이 아닙니다. 바로 "응, 삶은 예술이야!"를 슬로건으로 문구, 독립 출판물, 보드게임, 커뮤니티를 만드는 창작 스튜디오입니다. 다른 삶을 보여주는 선생님이자 동료가 되기를 꿈꾸는 이중용 대표님을 만납니다.

고등학교에서 교사로 근무하면서 학생과 직접 플래너를 만들었는데요.

한 학생이 쓰던 독특한 기록에 친구들의 호기심이 더해졌고, 자세히 뜯어보니 교육학적으로도 의미있는 기록의 방식이었어요. 제가 플래너를 만들 수 있도록 학생에게 스케치를 부탁했고, 표지 사진까지 직접 찍었습니다. 자비로 만들기엔 월급이 부족해서 기획서를 써서 교장실로 찾아가 제안했고 지원비를 받았어요. 입시설명회처럼 플래너 설명회도 하고, 체험단을 꾸려서 운영하기도 하고, 기획자의 이름을 딴 상장 시상식도 했죠. 온종일 혹독하게 공부하던 학생들에게 떠들썩한 일을 만들 수 있다는 게 기뻤어요. 각자의 일기장에 적을 소소한 일일지라도 함께 만든 작은 승리였어요. 교사나 학생에게도 이전의 학교에는 없었던 재밌는 일이자 앞으로 일어날 일을 상상할 생각의 전환을 만든 첫 번째 계기였습니다. 이 일로 가속도가 붙었어요.

성공의 요인은 어디에 있다고 생각하나요?

학교에서 실제로 5년 일했지만 10년 일한 것처럼 느껴질 만큼 학생들과 기숙사에서 거의 같이 살다시피 했어요. 제품을 사용하는 가장 중요한 소비자와 많은 시간을 보낸 것과 같죠. 학생이 어떤 고민을 하는지, 원하는 것이 무엇인지 저절로 이미지로 바뀌어서 플래너에 붙기 시작했어요. 오랜 시간에 걸쳐 플래너를 완성한 후엔 학교의 공식 플래너 제작을 맡았습니다. 그런데 모든 학생이 사용하면서 예기치 못한 문제가 생겼어요. 바로 플래너에 적을 일이 없다는 거죠. 수업 시간에 한 일, 문제지 풀기, 공부 계획 등 매일 똑같이 일어나는 일상의 다음 계획을 채워나갈 뿐 일상의 변주가 될 만한 일은 일어나지 않았습니다. 스스로 결정해서 선택한 일정이 없었던 거죠. 스터디 플래너로만 쓰인다면 애초에 플래너를 만들며 세웠던 목표와는 달라져서, 플래너에 적을 만한 일상을 만들 일을 기획하기 시작했어요.

그렇게 학생이 무대에 서는 '프레젠테이션 파리오'가 시작되었군요.

선생님이 프로그램을 이끌기보다는 학생끼리 자극을 주고 동기 부여할 수 있는 시스템을 만들고 싶었습니다. 그 상황과 콘셉트는 당시 주목받기 시작하던 TED 강연에서 따왔죠. 학생이 연사가 되어 시도의 이야기를 전한다면 다른 학생에게 확산되리라 기대했어요. 학생이 프로젝트를 진행할 때 어떤 것이 필요한지 살펴보니 자신이 좋아하고, 하고 싶은 것을 찾고, 무엇이든 해볼 수 있는 공간과 시간이었습니다. 가지고 있는 교과 교실을 '플레이그라운드'라는 공간으로, 배정되어 있는 상담 시간을 이용하길 원한다면 자율학습 시간에도 쓸 수 있도록 내어줬습니다.

교과 이외의 일을 지속하는 데에 교사 개인의 자원을 쓰기엔 한계가 있습니다. 어떤 것이 필요했나요?

자신의 욕구와 진로의 단서가 될 만한 것을 발견하고 지금 당장 해볼 수 있는 것들을 시도하는 학생들이 늘어났고 그 종류도 다양했습니다. 동료 선생님과 함께하기엔 각자의 업무로 바빴기에 혼자 할 수 있는 방법을 찾다가 '플레이모드'라는 동아리를 만들었고 학생들과 함께 일했습니다. 교사인 저는 필요한 것이 있다면 직접 학교 밖에서 배웠고요. 아나운서 학원에 가서 스피치교육을 수강할 만큼 담당 교과가 아닌 일도 해야 했습니다. 실제로 스피치교육을 잘하게 됐다기보다는 교사가 배움을 찾는 태도와 선택이 학생에게 영향을 준다는 사실을 배웠습니다. 입시를 중요하게 생각하는 친구들에게는 요주의 교사였지만 선배들로부터 믿을 만한 교사라는 추천을 받기도 했죠.

어떤 선생님이 되고 싶었나요.

처음엔 모든 학생을 만족시키고 싶다는 말도 안 되는 생각을 했어요. 좋은 선생님이라고는 만화나 영화 속, 교실이 아닌 상상 속에만 있을 뿐 실제로 얻은 데이터는 별로 없었습니다. IMF 세대를 지나며 안정적인 직장이 최고의 진로였던 때, 선생님이라는 직업은 돈 많이 받고 일찍 퇴근하는 직장이라고 생각했습니다. 실제 선생님이 되어서는 돈을 많이 받지도, 일찍 퇴근하지도, 모든 학생을 만족시키지도 못했지만, 이 생각에 이르렀을 때 자존심이 상하기보단 내가 가야 할 방향이 뚜렷하게 보였어요. 선생님으로서의 인기는 내 시야를 가릴 뿐이라, 규칙 앞에 단호하지만 필요한 도움을 주는 친절한 선생님이 되려고 했죠. 학교에서 모든 솔루션을 주지는 못하더라도 여러 선생님 중에 이런 선생님도 있다는 선택지를 내 삶으로 보여주고 싶었습니다. 여전히 직업에 대한 고정관념이나 폭이 좁은 진로의 선택지를 가지고 있는 청소년들이 많습니다. 퇴직하고 다시 교사로 돌아가지 않았던 이유가 여기에 있죠.

만화나 영화 속 선생님들의 어떤 모습을 인상 깊게 기억하
고 있나요?

그들은 마음이 바쁘지 않았어요. 학생들을 위해서 호흡을 고
르고, 이야기를 듣고, 어떤 학생인지 살펴보는 시간을 충분
히 내주는 교사였습니다. 그 모습을 닮기엔 현실로 그대로
가져오면 지금 맥락과는 맞지 않는 장면들도 많습니다. 서울
의 유명 인터넷 강사의 수업 실력을 따라갈 수 없다면 시간
을 내어 최선을 다해 수업을 준비하는 모습을 보여주는 것이
내가 할 수 있는 일이라 여겼죠. 준비한 수업의 부족한 점에
대해 매 수업이 끝날 때 설문을 받고 다음 시간에 반영하려
는 모습도 수업의 일부이자 배움의 연장이라고 생각했어요.

퇴직 후에 '문구점 응'을 만들었습니다. 글을 쓰고, 오디오
클립을 녹음하고, 보드게임을 만들기도 합니다. 학교에서의
작업과 많이 다른 듯 닮게 느껴집니다.

학교를 나왔을 때 교실도, 학생도, 도구도 없었어요. 공간은
돈이 너무 많이 들고 당장 만날 수 있는 학생도 없었죠. 그래

서 가장 먼저 할 수 있는 도구부터 만들었습니다. 하다 보니 도구와 도구를 사용하는 프로그램을 좋아해 주는 팬이 생겼어요. 이제 공간이 생길 일만 남았네요. 앞으론 나름대로의 학교를 만들고 싶습니다. 학교에서 공간과 시간을 내어주며 하고 싶었던 일과 닮았죠. 앞으로는 학생뿐만 아니라 직장인이나 퇴직자까지 한 명 한 명의 이야기가 더 많이 퍼지고 또 모이는 생태계를 상상하며, 각자 선택의 기로에 서 있을 때 응원하는 공간과 도구를 만들고 싶습니다. 각자의 이야기가 더 많이 퍼지고 또 모이는 생태계를 상상합니다. 마치 버킷리스트에 쓰인 목록처럼 처음 10개를 써두고 8개를 달성하면 30개로 늘어나듯 상상의 폭은 계속 넓어지고 있어요. 계속 창작할 겁니다. 학교에서 플래너를 만들었듯 결국 스스로 하고자 했던 것이 남아요.

문구점 응은 아날로그한 도구와 경험을 만듭니다. 왜 아날로그인가요?

평소에 메모하는 걸 좋아합니다. 꼭 노트를 쓰는 건 아니라도 좋다는 노트 앱은 꼭 써보는 편이죠. 그때마다 여러 앱을 사용하면서 기록이 파편화되고 결국 잃어버립니다. 새로운 기술의 장점 이면에 내가 가진 원천적인 생각이 분해된다는 우려 때문에 아날로그 경험에 주목하게 되었어요. 사실 아날로그 노트는 예전부터 쓰여 왔지만 노트를 대체하는 기기가 많은 지금 노트를 쓰는 행위는 훨씬 희소하고 유용합니다. 집중이 더 잘 된다거나, 창작을 위해서라거나, 목적으로 두고 하는 행위이기 때문이죠. 매 순간 접속되어 있는 다음 세대가 거꾸로 언플러그하는 법을 배워야 한다면 문구점 응은 계속 아날로그한 도구와 경험을 만들어갈 필요가 있습니다.

교사는 어떤 변화를 마주하게 될까요.

교사가 프로젝트를 운영할 때 가르치는 사람이 아닌 촉진자이자 퍼실리테이터라고 이야기하지만, 소극적인 관찰자로 잘못 전달될 수도 있습니다. 마치 영화 〈앤더슨 게임〉에서 어른의 전략으로는 이길 수 없는 전쟁에서 교관으로서 아이들을 기르고 지켜보듯이 말이죠. 결국 아이들은 자신들의 전략으로 외계인을 물리칩니다. 프로젝트의 문제의식에 동의한다면 교사도 동등하게 참여하면 어떨까요?

다른 직업에서 교사로, 일반 학교에서 다른 학교로, 학교 안에서 다른 교사로, 교사에서 다른 직업으로 옮겨가는 선생님들의 이야기를 순서대로 담았습니다. 이중용 대표의 이야기를 가장 마지막에 싣게 된 것은 이 때문입니다. 교육자를 하나의 직업이나 소속으로 정의하기보단 각자의 자리에서 각자의 방법으로 오늘보다 더 나은 새로운 배움을 고민하는 사람이라면 누구나 교육자가 될 수 있습니다. 여전히 다음 세대에게는 더 많은 선택지가 필요합니다. 작은 것부터 빈틈을 찾아 나름의 방법으로 해결하며 선택지를 만들어가는 교육자가 있어 온더레코드는 오늘도 분주합니다.

교육에 관한 이야기는 끊임없이 이어져 왔습니다. 4차 산업혁명이라는
큰 변화 앞에서 미래교육이 어떠해야 하는가에 대한 많은 견해와 키워드가
등장하고 있습니다. 결국 아이디어와 방향성은 다양할 수 있지만, 성패는
어떻게 실현하는가에 달려있습니다. 다음 세대에게 선택지가 될 수 있는
배움의 실험에 투자해온 씨프로그램의 러닝펀드는 미래교육에서 한 단계
내려와 미래학교에 대한 아주 구체적인 대화를 나누고자 합니다. 그동안
러닝펀드는 수많은 교실과 학교를 찾고 오갔습니다. 그 과정에서 확인한 것은,
이미 변화는 시작되었고, 필요한 변화를 주도하고 함께할 분들이 현장에 있다는
것이었습니다. 그래서 앞서 만난 일곱 분의 교사들이 공통으로 짚어낸
세 가지 키워드 '함께하는 조력자', '연결과 협업', '다양성'을 중심으로
미래학교를 위한 교사의 역할에 대한 대담을 나누었습니다.

2장

—

미래학교를 위한
교사의 역할

미래학교의 교육자는
어떤 역할을 하게 될까

　　미래학교의 교육자에게는 어떤 역할이 중요할까요? 그리고 지금과는 어떻게 달라질까요? 씨프로그램의 러닝펀드가 운영하는 교육자를 위한 열린 서재, 온더레코드는 세상의 변화에 필요한 배움을 찾아 일곱 명의 교육자를 만났습니다. 교사로서의 일, 교실에서 새로운 배움의 방법을 실험하며 부딪히는 시행착오, 미래교육과 학교의 모습을 상상해보며 이야기를 나눌수록 미래학교의 교사를 직업으로 준비하고 있는 예비교육자와 현직 교사들은 어떤 고민을 하고 있는지 궁금해졌습니다.

"교사의 역할이 바뀌어야 한다는 필요성을 넘어, 실질적으로 관련 역량을 키우는 방법에는 무엇이 있을까요?"

— 예비교육자

"학교 안에서 교사가 교육 실험을 지속하기 위한 환경은 어떻게 만들어야 할까요?"

— 경력 5년 이하 교육자

"다양한 선택지 중 나에게 맞는 전문성은 어떻게 찾고 개발할 수 있을까요?"

— 미래학교에 관심 있는 교육자

이번 미래학교 콘퍼런스에 앞서 교육자들이 남긴 질문에는 미래의 교사가 되기 위해 필요한 배움에 대한 고민부터, 시스템 안에서 실험을 위한 지속 가능한 환경을 만들고, 교사의 전문성을 찾아가기까지 교육자라는 일을 경험한 시간과 환경에 따라 다양한 고민의 스펙트럼이 있었습니다. 온더레코드는 미래학교를 위한 교사의 역할로 '함께하는 조력자, 연결과 협업, 다양성'을 꼽았습니다. 이어지는 사례와 대담에서 답을 찾아봅니다.

미래학교를 위한 교사의 역할

- **일시**: 2019년 12월 13일 금요일
- **장소**: 서울시 종로구 대학로 116 공공일호 B2 파랑새극장
- **주최**: C Program

1. 함께하는 조력자

- 삶과 연결된 학습 문제를 찾는 프로젝트 매니징

  by 이천양정여자고등학교 이태경
- 전문가와 함께 일하는 교사의 역량

  by 거꾸로캠퍼스 위지혜

2. 연결과 협업

- 관계에 기반한 맞춤형 학습설계

  by 전인고등학교 김성광
- 경험 많은 학습자로서의 교사 모델

  by 이우학교 김주현

3. 다양성

- 각자의 역할을 하는 다양한 교사가 필요하다는 믿음

  by 이화미디어고등학교 이윤승
- 이름을 걸고 일하기

  by 문구점 응 이중용

미래학교를 위한 교사의 역할

❶ 함께하는 조력자

'함께하는 조력자'를 주제로 이천양정여고 이태경 선생님과 거꾸로 캠퍼스 위지혜 선생님을 만납니다. 두 분의 공통점은 교실 안에서 전문가와 함께 협업하는 것이지만 이태경 선생님이 학교 안에서 전문가와 함께 학교 안의 작은 학교를 만들었다면, 위지혜 선생님은 전문가가 있는 현장에 배움터를 만들고 있습니다. 다양한 환경에서 전문가가 수업 현장으로 들어왔을 때 학생의 배움을 함께하는 조력자로서 교사의 역할에 대해 들어봅니다.

삶과 연결된 학습 문제를 찾는 프로젝트 매니징

◇

이천양정여자고등학교, 이태경

학교에서 교사로 일한 지 15년이 되었습니다. 처음부터 교직에 들어선 건 아닙니다. 대학을 졸업하고 회사에 다니다가 그만둔 후 우연히 기회가 있었고, 강사부터 시작해 교육대학원에서 교육 이수를 하고 뒤늦게 교사가 된 늦깎이입니다. 교사가 된 이들을 보면 대부분 어려서부터 교사의 꿈을 키웠거나, '나는 어떤 과목 선생님이 되고 싶어' 또는 '어떤 교사가 되겠어'라는 생각으로 교직 이수를 하며 교사를 준비해온 경우가 많습니다. 그에 비하면 저는 정반대의 경험을 하고 있습니다. 학교에 발을 디뎠던 때 아무 준비가 없었기에 기술이나 사례에 많이 집착했습니다. 어떻게 효과적으로 학생들을 가르칠지, 다른 교사는 어떻게 가르치고 있는지에 대한 고민도 많았습니다. 지금에 와서야 비로소 어떤 방향으로 교육할지, 학교와 교사가 어떻게 해야 할지 학교의 방향과 교사의 역할을 구체적으로 고민하고 있습니다.

삶의 영역에서 시작하는 배움

삶과 연결된 학습을 매니징Managing한다는 말을 다르게 이야기하면 교과서에서 다루고 있는 지식과 기술을 어떻게 삶의 영역으로 갖고 올지 고민하고 디자인하는 과정입니다. 처음에는 '내 삶을 다루는 교육, 자신을 표현하는 예술교육, 문제해결교육, 민주시민교육 모두 분명히 좋고 필요하지만 지금 입시 문제 하나로도 힘들어하는 학생에게 또 하나의 짐이나 과제로 여겨지지 않을까?' 하는 고민이 있었습니다. 하지만 이런 방법의 교육을 실천하고 학교에서의 교육을 공부하고 바깥과 연결할수록, 이 모든 것이 학교 교육의 중심에서 벗어난 어떤 특별한 교육도, 개개인의 독자적인 시도도 아닌, 그냥 학생들에게 당연히 주어져야 하는 권리라는 것을 알게 되었습니다. 예를 들어, 삶에 연관된 학습 문제라는 건 '내 졸업식을 어떻게 만들어 볼 수 있을까?', '학교 건물을 새로 짓는다고 하는데 우리에게 필요한 공간에 대한 의견을 어떻게 학교에 전달할 수 있을까?', '교복을 선택해야 하는데 어떤 점을 반영해달라고 이야기할까?'와 같습니다. 학생을 둘러싼 삶의 문제를 주장하고 의견을 표현하는 건 의무가 아닌 권리이며 여기에 학생의 목소리를 반영할 수 있도록 돕는 것이 교사의 역할입니다. 이는 우리나라 국가교육과정에서 제시하고 있는 교육의 방향이기도 합니다. 2015 개정교육과정에는 초등학교 때부터 실생활에 연관된 학습 문제를 연구하고 해결방법을 모색하도록 국가교육과정 총론에 명시가 되어 있고, 중학교와 고등학교에서는 삶의 문제를 좀 더 심화 형태로 다루도록 방향을 제시하고 있습니다. 우리가 학생이었을 때부터 들어온 "오늘 뭐 배웠어?"라는 질문은 단순하게 묻고 대답하는 것으로 그치지 않아야 합니다. 삶의 문제를 다루는 교육이라면, 단순한 질문과 대답으로는 대화할 수 없는 조금 더 깊은 공부와 경험이 가능하다고 생각합니다.

국가교육과정에서 이야기하는 두 가지는 창의융합형 인

정해진 답을 고르는 능력:
결과 중심

답을 만들어내는 능력:
과정 중심

그림 1 국가교육과정의 방향성. 이태경(2019)

재를 만들고 교육의 질을 개선하는 것입니다. 내용을 자세히 들여다보면 학습 내용에서 출발해 학생 개개인의 학습경험으로 이어지게 됩니다. 다르게 이야기하면 지식과 기술이 사실을 배우는 데서 그치지 않고 적용까지 나아갈 수 있도록 돕는 것입니다. 배움의 무대를 교과서의 영역에서 삶의 무대로 전환해야 합니다. 그러면 자연스럽게 보기가 있고 정해진 답을 고르던 결과 중심의 교육에서, 내 삶이 있는 사회에서 문제를 찾아 해결책을 고민하면서 답을 만들어내는 과정 중심 교육으로 옮겨올 수 있습니다. '오늘 내가 무엇을 배웠는지'에 대한 질문에서 '어떤 역할을 했는지', '왜 이런 문제를 해결했는지', '왜 그 문제에 도전했는지'로 이어지는 배움의 이유에 관한 대화가 가능해집니다.

세계에서 이야기하는 미래교육의 맥락도 우리나라의 국가
교육과정과 비슷합니다. 많이 보셨을 아래의 그림은 OECD
에서 29개 회원국이 함께 연구한 미래교육 학습목표 개념틀
입니다. 2030년에 성인이 되어 사회에 나가는 지금의 학생
들에게 교육자가 전달해야 할 배움을 도식화했습니다. 공통
적으로 지식, 기술, 태도는 여전히 중요한 역량이지만 여기
에 그치지 않습니다. 이 세 가지를 기본 역량으로 교육의 목
표를 어디에 두느냐가 미래교육의 연구 방향입니다. 그래서
그림의 왼쪽에서 출발해 결과적으로 닿게 될 교육의 목적은
'개인과 사회의 웰빙'입니다. 이를 위해 개인이나 사회가 지
식이나 기술을 쌓는 것만으로는 교육의 목적을 이루기에 충

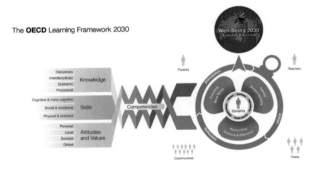

그림 2 The OECD Learning Framework 2030(출처: www.OECD.org)

분하지 않습니다. 그래서 앞선 단계들이 필요하죠. 새로운 가치를 만들어낼 수 있는 능력, 점점 깊어지는 사회의 갈등과 긴장을 완화시키고 조정할 수 있는 능력과 자신의 행동에 대한 책임감이 갖춰졌을 때, 비로소 개인과 사회의 웰빙이라는 교육의 목적을 달성할 수 있다고 말합니다. 미래교육의 흐름이나 우리나라 교육이 추구하는 방향도 이제는 단순히 학생이 무엇을 더 많이 알고 있는지, 보기에서 정답을 고르는 것이 아니라 무엇을 만들고 어떻게 하면 배운 것을 내 삶의 영역으로 가지고 올 수 있는가입니다.

학생의 배움을 돕는 세 가지 역할

교육의 방향에 대해 공감한다면, 교사는 어떤 역할을 해야 할까요? 역시 제가 하는 역할을 기준으로 한 장의 그림으로 설명하려고 합니다. 첫째로 교사는 디자이너가 되어야 합니다. 학습의 주도권을 학생이 가질 때 스스로 배움을 설계하는 영역은 분명히 존재합니다. 하지만 학생이 무엇을 해결하려고 하고 어떤 것을 배우고 싶어 하는지, 어느 단원, 과목,

시점, 범위에서 학생의 삶의 영역에서 배움을 끌어갈 수 있을지 가늠할 수 있는 학습틀을 만드는 역할은 여전히 교사의 몫입니다. 둘째로 코디네이터가 되어야 합니다. 모든 학생에게 무조건 똑같은 교육을 하는 것이 아닌 각 학생에게 필요한 배움이 무엇인지 안내해주는 역할이 필요합니다. 셋째로 촉진자가 되어야 합니다. 배움의 과정에서 교사가 모든 것을 끌고 가기보다는 학생이 주도적으로 잘 해낼 수 있도록 지지하고 촉진하는 역할이 필요합니다.

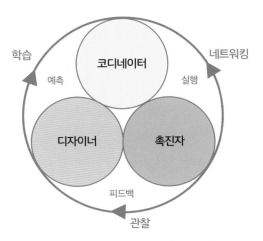

그림 3 함께하는 조력자로서 교사의 역할. 이태경(2019)

하지만 실제로 학교에서 수업하거나 교육 프로그램을 운영할 때 교사가 수업 설계를 잘하고, 활동을 열심히 촉진한다고 언제나 잘 굴러가지는 않습니다. 학생이 더 주도적으로 배우게 하기 위해서는 외부의 조력자와 전문가 사이에서 윤활유 역할도 해야 합니다. 지금까지 해온 학교 안에서의 예술교육, 체인지메이커 교육을 생각했을 때 필요한 세 가지 역할을 더했습니다. 첫 번째, 관찰입니다. 삶의 문제를 발견하는 프로젝트 매니징을 할 때 시작점에선 주제가 무엇이 될지 전혀 알 수 없습니다. 학생이 어떤 문제를 선정할지, 어떤 문제를 하고 싶은지 정할 수 있도록 주위에 일어나는 일들이 학습 소재가 될 수 있다는 생각으로 끊임없이 관찰하는 것이 중요합니다. 학생 개개인, 학교, 교사의 전공 분야뿐만 아니라 새로 생겨나고 있는 기술과 물건, 서비스나 새로운 문제 해결 방법들을 관찰하다 보면 배움을 완성하기 위해 필요한 나머지 두 가지 요소가 눈에 보입니다. 교사가 학생을 조력하면서 어떤 것을 학습할지, 또는 교사의 힘만으로는 할 수 없는 영역은 어떤 전문가를 모시고 오는 것이 좋을지 말이죠.

두 번째, 교사도 끊임없이 학습해야 하는 학습자입니다.

2019년 초 학교시설 개선 5개년 계획이 발표됩니다. 교육 내용뿐만 아니라 학교 건물 또한 미래교육에 대응할 수 있는 환경으로 변화가 필요하다는 판단 아래 낡아서 안전문제가 있는 시설의 공사뿐만 아니라 새로운 배움이 가능한 공간을 만들 수 있게 되었습니다. 5년 동안 전국의 학교를 측정하고 개선하고 있죠. 제가 있는 학교도 내년부터 건물 공간을 만들 수 있는 지원금이 내려오는데 한 가지 조건이 있습니다. 사용자 참여설계를 해야 합니다. 여전히 기존 학교 건물이 만들어지던 때 누가 설계했는지도 모르는 평면도와 표준설계도를 많은 학교가 따르고 있습니다. 하지만 이번에 받은 예산은 학교의 사용자, 학생과 교사의 참여 없이는 쓸 수 없습니다. 그렇다면 과연 어느 교과에서 담당하는 것이 좋을까요? 당장 내년부터 시작하라고 했을 때 쉽게 나설 수 있는 교과는 아마 없을 겁니다. 어느 한 교과의 문제가 아닌, 모든 학생과 교사가 과목의 구분 없이 관심을 두고 공부해야 합니다. 세상이 빠르게 변하고 없었던 개념이 등장하는 지금, 삶을 둘러싼 문제를 해결하기 위해선 교사도 끊임없이 학습해야 합니다.

세 번째, 전문가와 연결해야 합니다. 교사가 모든 영역에서 만능은 아닙니다. 교사가 먼저 학습하고 교육하지만 어느 영역에서는 교사가 커버할 수 없는 영역도 분명히 존재합니다. 학교의 담장을 낮춰서 외부의 전문가와 학교, 교사가 네트워크를 맺어 학생이 깊이 몰입하는 교육이 가능한 환경을 만들 수 있습니다.

이렇게 교사가 학생의 배움을 돕기 시작하면 재미있는 일들이 일어납니다. 실제로 우리 학교에서는 5년째 학생들이 자신에게 의미 있는 졸업식을 직접 만들고, 물건이 유행을 타고 버려지지 않도록 선순환시키면서 환경을 보전하는 방법으로 매 계절 플리마켓을 열고 있습니다. 친구들의 마음을 치유해주는 고민 상담 텐트를 열기도 합니다. 이 모든 프로젝트를 교사 혼자서 매니징할 수 없습니다. 그래서 때와 필요에 맞는 전문가와 함께합니다. 시청의 지원을 받아 지저분한 전통시장 거리를 깨끗하게 만들기 위한 3년 동안의 프로젝트를 제안해서, 쓰레기통을 설치하고 변화를 측정하기도 하고, 한 초등학교와 함께 장애 인식 개선, 동물 관련 교육 프로그램을 만들어 직접 운영합니다. 학생이 자유롭게 고유성을 발견하고 목소리로 표현해보는 방법을 고민해오다가

2014년부터 해마다 예술 전문가 네다섯 분을 학교로 모셔 함께 예술학교를 운영하고 있기도 합니다. 2019년에는 위키백과와 함께 학생을 대상으로 백과사전 지식 등재 활동을 시작했습니다. 교사가 한 번 보고 버리는 수행평가는 학생이 자신의 시간과 영혼을 갈아서 해내는 결과입니다. 그래서 이 연구물을 위키백과 사전에 등재해 많은 사람이 열람할 수 있도록 과정을 설계했죠. 하지만 생각보다 쉽지 않아서 한국 위키미디어에 도움을 요청해 교육이 이루어져서 모든 학생이 중국 인물 한 명씩을 백과사전에 등재했습니다. 그해 중국 인물 200명에 대한 백과사전 항목이 신설됐고, 지역과 건물에 대한 정보도 업데이트되었죠. 한 번 보고 버려졌을 이 정보는 20만 명이 열람했습니다. 이 배움의 과정은 '우리가 어떻게 인터넷 환경에 기여할 수 있을까?', '혼자 보고 버려질 정보가 어떻게 쓰임새를 찾을 수 있을까?'라는 질문과도 연관됩니다. 지금 당장 교과서에 있는 내용을 어떻게 학생의 삶에 가져올 수 있을지 막연하다면 주변의 선배 교사와 학교 밖 자원들을 살펴보세요. 흔쾌히 내어주는 도움을 발판삼아 여러분도 충분히 해낼 수 있습니다.

전문가와 함께 일하는
교사의 역량

◇

거꾸로캠퍼스, 위지혜

미래교육과 미래학교란 무엇일까요? 그리고 교사의 역할은 어떻게 바뀌어 갈까요? 거꾸로캠퍼스에서 매일 고민하면서 교육을 만들어가고 있습니다. 추후 소개할 알파랩에서 얻게 된 교사로서의 경험과 생각을 나누면서 질문에 대한 답을 찾아보려 합니다.

그림 4 거꾸로캠퍼스와 연상되는 워드클라우드 결과

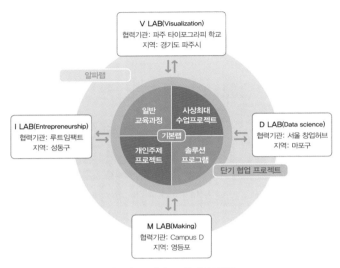

그림 5 거꾸로캠퍼스 교육과정 전체구조

학교의 미션을 완성하는 교육과정

거꾸로캠퍼스, 하면 연상되는 단어를 정리한 워드 클라우
드에서 알 수 있듯 '21세기 인재 양성을 위한 최적의 교육을
실현한다'는 비전 아래 교육과정을 만들었습니다. 크게 알파
랩과 혜화랩으로 나뉘어 있는데, 혜화랩은 배우는 법을 배우
는 베이스캠프로 주제 중심 모듈교육, 사최수프, 그리고 개
인 주제 프로젝트를 진행합니다. 주제 중심 모듈교육에서 고

등학교 수준에 준하는 교과 내용을 배우고 자신의 프로젝트에 적용합니다. 사쵀수프처럼 팀 단위의 프로젝트를 진행하면서 자연스럽게 의사소통하고 협업하는 소프트 스킬을 기르게 됩니다. 2019년에 새롭게 시도한 독특한 형태의 학교 밖 학교 알파랩은 다양한 전문가가 있는 장소로 학생이 직접 가서 자신의 삶과 프로젝트에 적용할 수 있는 전문 스킬과 관점, 태도를 배웁니다. 각각의 랩이 가지고 있는 다양하고 재미있는 의미도 중요하지만, 무엇보다 거꾸로캠퍼스가 추구하는 배움을 실현하기 위한 좋은 방법의 하나입니다. 거꾸로캠퍼스는 온더레코드가 있는 이곳, 공공일호에 함께 자리하고 있지만 학교를 위해 지어진 건물은 아니기에 시설이 제한적일 수밖에 없습니다. 전문가의 공간으로 찾아간다는 것은 세상에 이미 존재하는 좋은 자원들을 교육 자원으로 활용하는 방법이자 진짜 세상과 만나는 접촉 면적을 넓혀준다는 점에서 거꾸로캠퍼스의 교육적 제안을 실현한 것입니다. 학생은 실제 전문가의 시간이 밀도 있게 녹아 있는 공간에서 기능만 익히는 게 아닌, 기능으로 생업을 이어가고 가치를 만드는 전문가의 축적된 배움을 자기 것으로 만드는 경험을 하는 데 의미가 있습니다.

교사는 학생에 대한 전문가

그럼 교사에게 알파랩은 어떤 의미가 있을까요? 전문가가 있는 공간에 알파랩을 만들기 위해 가 보니, 교사의 정체성에 도전을 받는 환경이었습니다. 전문가가 따로 있는, 전문가의 공간에서 교사를 하게 된 것입니다. 미래학교에서 교사는 지식만을 가르치는 사람이 아닌 배움의 주도권을 학생에게 돌려준다고 하지만, 교사가 극단적으로 가르칠 것이 없는 곳에서 교사의 역할을 한다는 건 쉽지 않았습니다. 수많은 고민을 정리하니 하나의 본질적인 질문에 이르렀습니다.

'거꾸로 캠퍼스의 교육 비전을 알파랩에서 실현하는 교사로서 무엇을 해야 할까?'

자신에게 이 질문을 던지기 시작하면서 알파랩에서 교사의 역할을 찾기 시작했습니다. 그것은 첫 번째, 학생과 전문가 사이에 다리를 놓는 것입니다. 구체적으로 말하면 수업에서 학생들이 언제, 왜, 어떻게 움직이는지 관찰하고 수업에 적용합니다. 처음에는 전문가가 이끌어가는 수업이기에 영역을 최대한 침범하지 않고 수업 디자인에도 관여하지 않았습니다. 계속 관찰하다 보니 수업을 운영할 때 거꾸로캠퍼스의 교사로서 짚으면 좋을 부분들이 보이기 시작했습니다. 예를 들면, 전문가가 전해주는 수업 내용이 너무나 좋은데도 불구하고 학생이 하나둘 꾸벅꾸벅 조는 광경을 볼 때 제 눈엔 학생이 왜 자는지, 학생을 일으켜 수업에 참여시킬 방법이 무엇인지, 수업 흐름 속 조그만 부분만 바꿔도 수업의 분위기가 바뀔 가능성이 보였습니다. 이를 계기로 조금씩 전문가와 소통하면서 수업을 함께 디자인했고, 그 이후론 정말 거짓말처럼 수업시간에 학생이 자지 않더군요. 교사로서 학생이 각자 무엇을 원하는지, 어떤 배경에서 생각을 이어나가는지에 대해선 이미 잘 알고 있었던 겁니다. 전문가와 교사가 서로를 의지하기 시작하면서 교사는 수업에 학생을 움직이는 역할로 의미를 더합니다.

두 번째, 교사는 학생에 대해선 전문가입니다. 제 역할과 강점을 인지한 후로는 학생이 일반적으로 어떻게 동기부여되는지, 어떤 개별적인 특징을 가지는지 더 잘 알기 위해 많은 시간을 학생과 함께 보냈습니다. 그 시간 동안 사소한 작은 태도의 변화부터 중요한 고민상담까지 모두 적었습니다. 이 기록은 학생이 삶의 문제를 마주하는 순간과 배움의 열망을 가까이에서 지켜보는 사람으로서 어떤 피드백을 하면 좋을지, 학생의 성장을 위해 교사가 무엇을 주면 좋을지 결정하는 중요한 재료가 됩니다.

현재 제가 일하고 있는 알파랩의 주제는 메이킹^{Making}으로, M랩이라고 불립니다. 주로 3D프린터와 목공을 배웁니다. 그저 주어진 과제에 배운 기술을 잘 써서 제품을 완성하는 것에 그치지 않고 삶의 문제에서 시작해 자신이 만들어보고 싶었던 것을 구현할 수 있도록 자극했습니다. 그랬더니 환경 문제에 관심을 두고 있던 학생은 사회에 가치 있는 물건을 만들고 싶다며 담배꽁초를 퇴비로 재생산하는 기계를 만들고, 잡지를 만드는 데 관심이 있는 학생은 사진을 잘 찍기 위한 미니 스튜디오를 만들었습니다. 한 아이돌 그룹을 좋아하는 학생은 굿즈를 보관하는 장식장을 만들었습니다. 결국 학생을 잘 파악하고 있다는 건 프로젝트의 촉진자이자 안내자로서의 교사의 역할과도 맞닿습니다.

질문과 피드백으로 배움을 안내하는 사람

학생 스스로 배움을 계획하고 평가할 수 있도록 하나의 시트로 질문을 공유합니다. 매일 수업에 참여하면서 관찰한 의미 있는 지점, 놓치지 않았으면 하는 배움, 학생이 알아채지 못한 성장은 수업을 돌아보는 설문에 답하면서 스스로 짚고

그림 6 매일 학생과 주고 받는 계획 및 평가

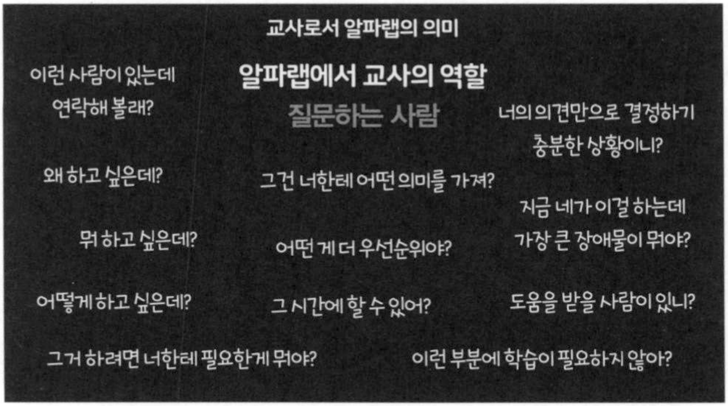

그림 7 학생들과 주고 받는 질문들

넘어가도록 합니다. 필요한 경우 파일을 주고받으며 과제를 트래킹합니다. 이렇게 쌓인 데이터를 정리해보니 안내자와 촉진자의 역할로 가장 많이 하는 일은 질문이었습니다. 거꾸로캠퍼스의 모든 교육 활동은 학생이 스스로 삶을 만들어가고, 프로젝트를 찾고, 필요한 지식과 스킬을 활용하기 위한 것입니다. 제가 던지는 질문들은 각 과정을 잘 해낼 수 있도록 하는 장치죠. 이 모든 과정의 끝에서 제가 해야 하는 마지막 역할은 평가의 전문가입니다. 특히 거꾸로캠퍼스처럼 수치화된 시험을 보지 않는 학교에서는 학생이 했던 경험과 배움을 정확하게 피드백해주고 성장의 요소로 쓸 수 있도록 도와야 합니다. 그래서 학교에서는 학생 스스로 개인 포트폴리오를 교사와 동료학생과 공유하면서 자신의 배움을 증명하는 활동을 많이 합니다. 여기에 더해 학교 차원의 연구 설문도 함께 진행하고 있습니다. 평가는 학생의 현재와 지금까지의 성장을 다양하게 보여주기 위해 학생 관찰 기록, 설문, 상담기록을 재료로 하지만, 반드시 학생에게 돌아가서 다음 스텝의 성장과 연결되어야 합니다. 평가가 잘못되면 학생에게 상처가 되거나 의도치 않은 결과를 낳을 수 있어 주의 깊게 소통해야 하죠. 교사는 학생 스스로가 모르는 성장을 알게 할 뿐만 아니라, 더 많은 사람에게 "나 이거 했어요!"라고 자신감 있게 말할 수 있도록 짚어주는 중요한 역할을 합니다.

알파랩에서 가르칠 것이 없는 교사로 일하며 미래 교사란 무엇인지 매 순간 자신에게 물었습니다. 여전히 답을 찾아가고 있습니다. 앞으로도 학생이 빠르게 성장해 사회에서 잘 살아가는 사람이 될 수 있도록 더 많은 교육자와 함께 고민하고 싶습니다.

이태경 × 위지혜
― 황혜지 매니저와의 대담

정해진 답을 잘 골라야 좋은 대학을 가도록 설계된 체제에서 과정 중심의 교육을 이어나갈 때 학부모의 반발과 같은 장벽을 많이 마주치셨을 것 같습니다. 어떻게 극복하셨는지, 혹은 효과적으로 배움을 전달할 수 있는 절충안이 있을지 궁금합니다.

위지혜 일단 거꾸로캠퍼스에서는 어떤 특정한 한 가지 경로의 진학 또는 진로를 고집하거나 배제하지 않습니다. 대신 학생들이 거꾸로캠퍼스의 다양한 프로젝트 과정들을 거치면서 자신이 원하는 것을 발견하고 찾아 나갈 수 있게 질문을 끊임없이 던집니다. 질문에 대해 스스로 내린 답이 자신의 진로가 되기를 바랍니다. 거꾸로캠퍼스에 학생을 보내는 부모님의 바람도 비슷합니다. 대입을 원하는 경우에도 학생이 원하는 삶의 측면에서 선택할 수 있는 다양한 경로들 중 하나로 고민하고 추천하는 경우가 많습니다. 학교에서는 학교에서 추구하고 있는 교육의 방향과 방법을 부모님들께 지속적으로 설명드리고 학부모-교사 세미나, 학부모-학부모 세미나를 마련하여 지향해야 할 교육이 무엇인지 함께 고민하는 자리를 갖고 있습니다.

이태경   사실 초·중등학교의 교육 체제 자체는 몇 차례의 개정을 거치면서 이미 과정 중심의 교육을 지향하고 있습니다. 현재 초중고에 적용된 2015 개정교육과정 총론에서도 '학습의 과정을 중시하는 평가를 강화하여 학생이 자신의 학습을 성찰하도록 하고, 평가 결과를 활용하여 교수 학습의 질을 개선'하는 것을 교육과정 구성의 중점 사항으로 하고 있습니다. 많은 선생님이 이러한 방향에 맞춰 교육과정을 재구성하고 학교에 맞게 적용해나가고 있습니다. 하지만 배움의 목표를 상위권 대학에 가는 것에 두고, 개인의 역량을 시험 성적에 비례해 평가하고, 상위권 대학에 몇 명 보내는가를 정량화하여 명문학교를 평가합니다. 이 기준은 학생, 학부모, 교사에게 선택의 커다란 장벽입니다. 교내에서 누구에게나 참여의 기회가 열려 있는 예술교육과 창업가정신교육 Enterpreneurship을 시작했을 때에도 다양한 장벽에 부딪혔습니다. 기존 제도권 교육의 범위를 확장하여 배움의 선택지를 늘리고 학생들의 다양한 욕구들을 충족시킨다는 의미에서 '대안 교실'이라는 용어를 사용했는데, 문제가 있는 학생들로 오인당할까 걱정하신 담임 선생님들은 프로그램 자체를 학급에 소개해주지 않는 경우도 있었습니다. 창업가정신교육은 학생들에게 새로운 가치를 만들어내거나 문제를 해결해보는 도전과 실천의 기회를 제공하는 프로그램으로 시작했습니다. 이 역시 '창업가정신'이라는 용어로 인해 기존에 경영학과 진학을 염두에 둔 학생이 아니라는 이유로, 학부모님과 담임선생님들이 학생의 참여를 만류한 적이 있습니다. 예술교육의 경우 입시에 영향을 주는 성적이나 진학과 관련이 없어 보여서, 고학년으로 올라갈수록 주변의 눈치를 더 많이 보기도 합니다. 아직도 이 장벽이 극복되었거나 무너졌다고 생각한 적은 한 번도 없습니다. 다만 시작했을 때에는 넘을 수 없을 장벽처럼 여겨졌는데 지금은 충분히 넘어볼 만한 문턱이 되었습니다. 우선 학생들이 한 학기를 기준으로 5~8회 가량 자기 자신에 대해 고민하고 관찰하며 표현해보는 창작의 시간이나 다양한 문제들을 탐구해보고 변화를 만드는 시간을 가지며 성적이 하락하기보다는 자신감이 향상되고, 다양성을 존중하고, 공감하고, 새로운 것을 도전하고, 정보를 처리하는 역량이 높아지는 등 긍정적인 변화가 더 컸습니다. 지금은 학생들이 장벽을 넘을 수 있도록 적극적으로 교육과정에 대해 안내하고 응원하는 선생님이 많이 늘어났고, 학생 사이에서도 참여한 경험이 친구들의 입소문을 타고 학교 곳곳에 남겨진 변화의 흔적으로 드러나자 꾸준히 신청하고 참여하고 있습니다.

또한 교육과정의 목표와 방향이 지식과 역량의 균형 있는 성장에 맞추어지면서 학교 현장의 교육지원도 장벽을 낮추는 방향으로 다양해지고 있습니다. 우선, 상위권 대학에 입학할 수 있는 학생과 입학한 학생들을 위주로 교육비와 장학금을 주던 지자체의 교육지원 방향이 달라졌습니다. 학교에 디지털 환경구축, 예술교육, 세계시민교육, 민주시민교육, 학생주도 프로젝트 학습, 외국어 학습, 학생들의 주제 탐구 및 연구활동 등을 직접적으로 지원하는 프로그램과 예산이 확대되고 있습니다. 학생들의 역량을 성장시키기 위한 교육프로그램이 개별 학교만의 교육적인 시도가 아니라 모든 학교에서 실행할 수 있는 환경으로 전환된 것, 이를 위한 교육 지원*이 각 학교와 선생님들에게 이루어지는 것이 원동력이 되고 있습니다.

미래교육에 있어서도 일반 교과 지식을 쌓는 것은 여전히 중요하고, 배움의 과정은 지식을 전달하고 습득하는 데서 시작합니다. 일반적인 학교 형태의 교육환경에서는 아무리 모든 지식을 인터넷을 통해 쉽게 찾을 수 있는 세상이 되었다고 해도, 기본적인 배경지식이 빈약한 상태에서 정보를 처리하고 삶에서 배움을 시작하기는 쉽지 않습니다. 일단 기본적인 지식을 습득하고 이것을 실제 삶과 세상에 적용해보며 새로운 가치를 찾아 나가는 것이 합리적이고 실현 가능한 방법

● 이천은 2019년 1월 21일 경기도교육청에서 학교와 지역사회가 적극적으로 소통하고 협력하는 신규 혁신교육지구 업무협약을 체결하였다. 혁신교육지구 사업이란 모든 학생이 미래사회를 행복하게 살아갈 수 있는 역량을 배울 수 있도록 지역의 다양한 학습생태계와 교육자원을 활용하여 지역 특성에 맞는 프로그램 개발로 새로운 교육체계 구축을 위한 공교육 혁신을 지원하는 사업이다.

입니다. 일반적인 학교가 아니라 소규모의 학생 그룹의 자유로운 교육과정 운영이 가능한 교육환경이라는 전제하에서는, 교사가 지식 전달만 하는 것이 아니라 상황에 따라서 멘토 역할만을 수행하며 학생들이 자기주도적으로 지식을 습득하는 모델도 가능하다고 생각합니다.

> 학교의 룰이나 학생을 잘 모르는 전문가와 수업할 때 어떤 점이 어려우셨나요? 전문가들과의 협업에 학생의 참여를 높이는 노하우가 있나요?

위지혜 M랩의 전문가가 학생들에게 준 첫 피드백이 "생각하지 못했을 만큼 자유롭다"였어요. 예를 들어 작업 수업 시간에 아이들이 음악을 틀고 작업하는 걸 보시고 "비록 앞에서 강의하지 않지만 수업시간에 음악을 틀다니!" 하시면서 놀라시더군요. 물론 오해는 시간이 알아서 해결했지만, 학생과 전문가의 중간에서 오해가 없도록 학생에겐 매니저의 의도를 명확히 파악하고 관찰하도록 하고, 전문가에게는 학생이 원하는 바를 정확히 전달하는 과정을 겪었습니다. 환경이 다른 사람들이 만나면 생길 수 있는 어려움이 모두 생긴다고 생각하시면 됩니다.

이태경　전문가와 함께 수업할 때 가장 도움이 되었던 마음가짐은 전문가와 협업하되 위탁하지 않는 겁니다. 수업이 시작되기 전 방학 기간에 만나서 왜 우리가 함께하는지, 전문가는 왜 학교에 들어오려고 하는지, 어떻게 수업 제안을 받아들였는지에 대해 이야기 나누며 교육 목표를 정합니다. 그리고 학교에서 하는 다양한 교육 프로그램들을 자세히 소개하고 생각을 나누면서 세부 교육 내용을 조율합니다. 미리 조율하고 수업을 진행하지만 되도록 제가 수업에 다 참여하려고 합니다. 전문가는 교사의 역량을 넘어서는 전문적인 부분을 채워주는 분이지만 학교가 처음인 전문가도 많고 학생의 언어를 모르기도 해서, 이해 수준을 바로 파악하기 어려워합니다. 그럴 때 수업 중간에 학생이 더 잘 이해할 수 있는 방향으로 설명을 부탁하거나 학교 사례로 이해하기 쉽게 재설명하기도 하죠. 중간 다리 역할입니다. 올해도 어떤 부분을 교사가 맡으면 좋을지 미리 상의해 수업시간의 80%는 전문가가, 20%는 제가 하려고 합니다. 시작을 제가 맡을 수도 있죠. 조정자가 있을 때 배움의 효과는 극대화됩니다.

　전문가와 교사의 역할의 비율이 80:20이라고 짚었습니다.

> 20만큼의 교사 영역에는 조율과 연결이라는 중요한 역할이 있지만, 전문가와 함께하는 수업을 위해서는 교사도 어느 정도 그 분야에 대해서 알고 있어야 협업할 수 있지 않을까요?

이태경　　사실 교사가 학습할 필요는 없습니다. 교사가 직접 하지 않아도 전문가가 잘 해주세요. 하지만 수업의 효과를 더 극대화하고 싶다면, 학습이 필요합니다. 협업 수업의 경우에는 보조 교사 역할을 할 수 있을 정도의 학습을 제안합니다. 전문가가 학교에 오지 않는 날도 학생은 학교에 오거든요. 도움을 요청할 때 아무것도 못 하고 손 놓고 있을 수는 없습니다. 위키백과와 협업할 때 학생들이 위키 문법을 익혀 맞게 작성하는데 많이 어려워했습니다. 오히려 "그냥 보고서 쓰자"는 학생도 있었죠. 이럴 땐 학생이 관련 지식이 없더라도 우리가 왜 인터넷 환경을 풍성하게 만드는 데 기여해야 하고, 왜 같이 정보를 생산해야 하는지, 학생들이 왜 정보의 소비자밖에 될 수 없는지, 배움을 통해 어떻게 정보의 생산자가 될 수 있는지 생각해보게 합니다. 그러고 나면 우리가 백과사전에 정보를 등재하는 것이 어떤 가치와 효과가 있는지, 누구에게 도움을 주는지에 대해 이야기 나눌 수 있습니다. 학생은 아무런 정보 없이 시킬 때와는 달리 과정을 깊이 이해하고 스스로 동기부여합니다.

위지혜   거꾸로캠퍼스는 알파랩마다 특성이 다양한데 M랩
은 구체적인 기능을 다루는 곳이라 생각을 사물로 구현할 때
조언을 줄 수 있는 정도의 학습이 필요했습니다. 학생들 이
해도의 평균 이상으로요. 억지로 배우려고 한 건 아니지만
학습이 필요하다고 느끼는 순간에 전문가가 일하고 배우는
방식을 가까이서 보고 습득하려고 했습니다. 기능은 학생이
연습하면서 익힐 수 있습니다. 교사가 기능의 달인이 되기
보단 학생이 전문가의 사고방식이나 시각을 고려해 프로젝
트를 볼 수 있도록 '이 작업은 시간이 얼마나 걸릴 것 같아?',
'이 방향은 어때?', '과정에서 이 과정이 꼭 필요한 게 맞아?'
라고 질문을 던지기 위한 관찰과 학습이 중요했습니다.

   알파랩과 기업을 연결할 때, 거꾸로캠퍼스는 기업에 어떤
   가치를 기대하고 요구하나요? 그리고 교사와 학생 사이에
   서 실제 배움이 일어날 때 어떻게 각자의 주제에 맞는 배움
   을 안내하나요?

위지혜   우선 거꾸로캠퍼스는 기업과 협업하며 두 가지를

기대합니다. 첫 번째로는 협업하는 기업 또는 단체의 교육 콘텐츠를 거꾸로캠퍼스의 교육철학과 방법으로 풀어내어 실제 세상에서 활용할 수 있는 의미 있는 교육을 함께 만들 수 있기를 기대합니다. 두 번째로는 거꾸로캠퍼스의 교육을 경험한 학생들이 해당 분야에서 창의성과 문제해결능력 등 다양한 역량을 갖춘 인재들로 성장하는 환경을 만들기를 기대합니다. 그래서 알파랩에서는 특정 기술이나 분야에서 활동하며 다음 세대를 위한 교육에 열정이 있는 분들이 전문가가 됩니다. 학생의 특성에 따라 같은 학교와 랩 안에서도 다양한 분야의 관심이 발견됩니다. 그래서 학생이 스스로 자신에 대하여 알아보고 자신의 관심사와 세상의 다양한 영역들을 연결할 수 있도록 코칭하고 있습니다. 어떤 주제이든 도전하고 확장해보도록 하되 프로젝트로서 목표와 가치를 확실하게 할 수 있도록 문장 형태로 주제를 만들도록 권유합니다. 예를 들어, 성고정관념을 주제로 한 성소수자에 대하여 영화를 만들거나, 여성 불평등에 대하여 이야기하는 프로젝트, 동성애를 다룬 프로젝트를 코칭할 때는 조심스럽게 접근합니다. 프로젝트 대상을 내 생각과 판단만으로 옹호하는 게 아니라 대상에 대해 진짜 가져야 할 배려란 무엇일지에 대한

질문을 던지고 그 문제에 얽혀 있는 다양한 위치의 사람들을
고려하도록 안내합니다.

> 두 분이 다른 환경에 속해 있지만 대화에서 촉진, 관찰 등 비
> 슷한 키워드가 발견됩니다. 이런 교육자의 역할 변화는 세
> 상의 변화를 반영하고 있습니다. 역할이 바뀌더라도 교육자
> 는 왜 필요할까요?

이태경   말씀하신 것처럼 사회가 빠르게 바뀌고 있고 학생
들도 변합니다. 교사의 역할로 짚었던 안내자, 촉진자와 같
은 단어들은 사실 교사로서 낯익은 단어는 아닙니다. 그럼에
도 지속하게 될 교육자의 역할이라고 생각하는 건 2000년
전부터 용어만 쓰지 않았지 교육은 교육자가 안내하고 촉진
하는 방향으로 이루어져 왔기 때문입니다. 『논어』에는 이런
내용이 있습니다. 어느 날 제자가 공자에게 '모르는 일에 대
해 들었는데 들은 것이 옳으면 행해야 하냐.'라고 묻습니다.
공자는 '너는 부모랑 형제도 있는데 혼자 결정하면 안 된다.
물어보고 잘 생각한 뒤 결정해라.'라고 합니다. 똑같은 질문
을 다른 제자가 와서 물어봅니다. 그땐 '바로 행해야지'라고
답하죠. 옆에서 듣고 있던 제자가 왜 답이 다른지 물었더니

'행동이 앞서는 제자에게는 진중하게 여러 사람의 의견을 들어보는 게 좋기에 그리 답하였고, 늘 물러서서 결정을 내리지 못하는 제자에게는 과감히 결정을 내리라는 의미에서 그리 가르쳤다.'라고 합니다. 공자의 태도는 우리가 이야기 나눴던 안내자이자 촉진자, 그리고 학생에게 맞는 다른 배움을 제공하는 교육이기도 합니다. 2000년 전에도, 지금도 상황에 맞는 교육을 위해 꾸준히 배우고 교육을 변화시키는 게 교육자의 역할이라고 생각합니다.

위지혜 　학생이 다 다르기 때문에 교육자가 필요하다고 생각합니다. 세상이 빠르게 변할수록 현상은 다양해집니다. 이런 세상에서 학생들이 다양함을 유지하며 살아남을 수 있는 방법은 함께 소통하고 일하는 방법을 배우는 겁니다. 교육자는 학생에게 맞는 배움을 줄 수 있는 사람이 아닐까요? 교사로서의 정체성에 대한 고민은 랩을 맡았을 때뿐만 아니라 거꾸로캠퍼스에서 일하며 지속적, 주기적으로 겪는 일입니다. 많은 사람에게 인지되어 있는 제한적인 교사의 역할을 재정의하는 과정입니다. 공립학교에서 거꾸로교실 수업을 하며 학생에게 배움의 주도권을 넘겨주면서 했던 고민, 다른 교사와 수업에 대해 고민하고 더 좋은 길을 찾아가는 집단지성의 경험, 하고 싶은 것에 도전할 수 있도록 지지해준 주변 사람들, 거꾸로캠퍼스에서 만나는 다양한 분야의 전문가와 그들이 일하는 방식, 동료 교사와 가치 있는 것을 함께 만들기 위해 한 몸처럼 움직이는 협업의 경험이 혼란의 시기에서 성장의 시기로 변화시키는 데 도움이 되었습니다.

어떻게 하면 더 많은 학생이 '조력자'로서의 교사와 학교 생활을 할 수 있을까요?

위지혜   조력자의 역할을 하는 교사를 학생들이 자주 만날 수 있기를 기대하고 바라지만 학생의 모든 시기와 장소에서 꼭 조력자로서의 교사만을 만날 필요는 없다고 생각합니다. 다양한 관계 속에서 학생이 스스로 프로젝트와 학습을 할 수 있는 환경을 만들어주고 자기주도적인 경험을 쌓을 수 있게 돕기를 바랍니다. 거꾸로캠퍼스는 교사 개인으로서 학생을 바라볼 때 학생이 본래 지니고 있는 가치를 소중히 여기고 성장의 관점으로 학생을 바라보려 노력합니다. 교사가 학생을 바라보는 관점은 그저 한 교사의 경험이나 인생으로만 결정되지 않습니다. 교사가 학생을 바라보는 가장 교육적이고

객관적인 관점을 공부하고 연구하며 실천하려 노력하고 있습니다. 또, 교사의 평가로만 아이들을 평가하지 않고 학생 자신의 관점과 동료들의 관점을 더한 다양한 관점의 기록과 평가를 함께 연구하고 있습니다.

이태경   학생이 좋은 '조력자'와 함께 의미 있는 성장을 해나갈 수 있는 환경은 첫 번째로 어려서부터 주위의 가까운 어른들이 '해결사'가 되어주기보다 '조력자'가 되어주는 것으로부터 시작할 수 있습니다. 학생이 스스로 경험해보고, 그것에 대한 자신의 생각을 가지는 성찰의 과정을 겪기 전에 어른들이 모든 것을 해결해주는 경우가 많습니다. 모든 것이 이미 정해져 있는 환경 속에서 공부만 하거나 참여만 하는 것보다, 자신이 배우거나 경험해볼 것을 직접 기획해보고 주도할 수 있는 어느 정도의 권한이 학생 본인에게 있어야 합니다. 그러면 자연스럽게 이를 수행할 수 있도록 절차나 도구 등을 안내해줄 수 있는 경험 많은 조력자가 필요합니다. 양정여고에서는 씨프로그램의 도움으로 2014년부터 신청한 모든 학생을 대상으로 예술가들과 함께 예술학교를 본격적으로 시작하게 되었습니다. 창작의 소재와 방식에 따라 과정은 나뉘어 있지만 모든 과정에서 학생들이 결과물로 무엇을 만들어낼지, 과정이 끝난 후에 참여 학생들 간에 공유회를 할지 말지, 어디서 어떤 방식으로 할지는 학생의 의견을 우선시합니다. 따라서 학생이 주도적으로 프로젝트를 기획하지만 자연스럽게 조력자의 자문과 도움을 받습니다. 예를 들어 나만의 의자 만들기 수업에서 학생들이 실제 목공 작업으로 제품을 만들어본 적이 없기 때문에 제품의 설계도를 그리는 법, 기본적인 톱질 방법, 안전 유의사항 등의 조언을 듣지만, 어떤 제품을 만들지, 용도는 무엇인지, 하중을 어떻게 버티게 할지, 디자인은 무엇으로 할지를 고민하고 결정하는 배움의 주도권은 학생에게 있습니다. 예술가는 조력자로서 학생에게 창작을 통해 자신의 생각을 표현해보고, 목소리를 낼 수 있도록 돕는 역할을 맡습니다.

두 번째는 낯선 것에 대해 호기심을 갖고 도전해볼 수 있도록 허용하는 환경을 조성하는 것입니다. 많은 학생이 자신들에게 익숙한 환경 속에서 시간 대부분을 보내고 활동합니다. 자신이 평소 잘하고, 익숙한 것을 할 때는 조력자의 역할이 필요하지 않습니다. 물리적으로는 집-학교-학원, 관계적으로는 친구-나-부모님-선생님, 배움에 있어서는 내신-수

능 공부가 학생들에게 익숙한 환경의 경계선이라고 생각합니다. 하지만 실제 삶의 영역은 세상의 크기만큼 경계선이 넓습니다. 마음만 먹는다면 이 세상 어디든 갈 수도 있고 어느 곳에 있는 사람과도 소통할 수 있습니다. 나에게 큰 영향을 미칠 수 있는 장소는 단순히 집-학교에 머물지 않습니다. 나이에 상관없이 내 문제, 우리 가정의 문제, 나아가 지역사회의 일에 활동에 참여할 수 있고, 지역사회의 문제를 해결할 수도 있습니다. 본인의 관심이나 진로, 활동 영역에 따라 친구-부모님 외에 다양한 분야의 전문가나 시민들과 연계하여 프로젝트를 진행할 수도 있습니다. 나의 관심사, 내가 해결하고 싶은 문제에 도전하고 부딪쳐보는 것에 나이가 절대적이라고 생각하지 않습니다. 학생들이 배우고 해결하려고 하는 것에 진지하고 열의가 있다면 나이가 어리다고, 학생이라고 무시하기보다는 도움을 주려고 하는 분들이 훨씬 많았습니다. 제가 있는 학교에서는 창업가정신·세계시민교육의 범위 내에서 2013년부터 체인지메이커학교를 운영하고 있어요. 예술학교와 마찬가지로 체인지메이커학교에서도 자신들이 어떤 변화를 만들지는 학생들이 기획합니다. 그리고 어느 장소에서 일어나는 문제를 해결할지, 문제를 해결하기 위해 어떤 사람이나 기관들과 연계할지, 이를 위해 어떤 지식이 필요한지는 자신들이 정할 수 있습니다. 한 학기 동안 캠페인을 벌이고 굿즈를 디자인, 생산하여 판매한 수익으로 평화의 소녀상을 세우기도 하고, 3년 동안 노력한 끝에 지자체 담당 부서와 연계하여 예산을 확보하고 지역 곳곳에 자신들의 아이디어가 반영된 시설을 설치해보기도 했습니다. 상담 전문가 집단과 연계하여 학생들을 대상으로 상담 프로그램을 운영해보기도 하고, 버스를 전세내어 시민 대상의 상담 프로그램도 운영해보았습니다. 그중에서도 학생들이 끝까지 포기하지 않고 주도적으로 프로젝트를 이어가고 결실을 맺었던 프로젝트들의 공통점은, 바로 학생들 스스로 문제를 해결하기 위해 꼭 필요한 '조력자'들을 찾아가고 자문을 받거나 연계하여 활동했다는 점입니다. 지역 내의 문제를 해결하기 위해 도시의 갖가지 문제를 소통과 디자인으로 해결하는 시민기관에 찾아가서 연구원에게 자문을 받기도 했고, 상담 프로그램을 운영하기 위해 상담사들을 찾아갔습니다. 학생들의 모든 배움과 문제들을 해결할 수 있는 만능 조력자가 학교에 있을 수는 없습니다. 하지만 학생들이 흥미와 호기심을 갖고 새로운 것에 도전해보며 다양한 경험을 해볼 수 있도록 보다 허용하는 환경과 문화를 만들고자 노력할 때, 학생들도 기꺼이 자신의 욕구에 따라 무엇인가를 하고자 학교를 넘어 세상에 퍼져있는 조력자들을 찾게 될 겁니다.

학생들은 어떤 배움을 원하나요?

이태경　지금까지 우리의 이야기는 미래학교와 교사의 입장에서 전망한 교사의 역할입니다. 교육의 목표와 방향을 교사가 설정하는 것과 별개로 학생이 바라는 학교의 기능과 교사의 역할을 확인하고 싶었습니다. 그래서 과연 학생들은 어떤 배움을 원하는지, 학교가 어떤 기능을 수행하기를 바라는지, 교사가 무엇을 가르쳐주기를 원하는지 물었습니다. 그리고 아래의 답을 받았습니다.

"사회생활을 잘 할 수 있는 방법을 알려주면 좋겠다."

"삶의 방향을 안내해주면 좋겠다."

"다양한 경험을 쌓을 수 있게 기회를 주면 좋겠다."

"시켜서가 아닌 스스로 성취할 수 있는 환경을 마련해 주면 좋겠다."

"능동적으로 할 수 있는 분위기를 만들어줬으면 좋겠다."

여기엔 교과서를 어떻게 해줬으면 좋겠다는 이야기는 하나도 없었습니다. 당장 사회에 나가서 어떻게 살아야 할지, 학교에서는 경쟁을 유발하는데 사람들과 어떻게 유대하고 관계를 맺는지, 내 문제를 해결할 수 있는 방법은 무엇인지 알고 싶어합니다. 즉, 배움의 욕구가 채워지지 않았다는 거죠. 구체적인 용어만 다를 뿐 학생의 의견을 종합해보면 국가교육과정에서 명시하고 있는 미래교육의 방향과도 다르지 않습니다. "오늘 뭐 배웠어? 그거 왜 했어? 하니까 어땠어? 뭐가 새롭게 느껴졌어?"의 답을 듣기 위해 학생의 꿈을 교사가 찾아준다는 건 역량도 되지 않을뿐더러 거창합니다. 오히려 학생 자신의 경험을 쌓으며 배울 수 있도록 환경을 만들어주고 자신의 판단과 가치관으로 하고 싶은 걸 찾아가는 게 꿈과 더 가깝지 않을까요? 지난해 말, 학교 건물을 증축하면서 학생 리서치팀을 조직하고 무엇이 필요한지 찾아보는 사용자 경험 인터뷰를 진행했습니다. 활동에 참여한 고2 학생들은 3학년이 되면서 그만뒀는데 단 한 명이 꾸준히 활동에 참여했습니다. 교사가 보기에 디자인이나 건축에 딱히 관련이 없는데 왜 시간을 들여 참여하는지 궁금해 이유를 물었습니다. 그랬더니 국회의원이 되고 싶었는데 어려울 것 같아 보좌관이 되기로 했다더군요. 국회의원은 시민들의 민의를 파악해 법에 반영하고 실제 문제를 해결할 수 있는 생각과 아이디어 활동을 하는 사람이니, 학교 학생들의 생각을 듣고 반영하는 일이 자신이 생각하는 민주주의와 같아서 마치 자기 일 같이 계속하고 있다고 했습니다. 당시 저는 학교 건축 관련 국가 계획의 목표가 학교를 민주주의의 장으로 만드는 것이라는 말에도 그저 좋은 말을 붙였다고 느꼈습니다. 그런데 자신의 일로 여기는 학생들은 이미 보고 있었습니다. 나로부터, 내 관심으로부터, 내가 있는 사회의 일로부터 배움을 시작할 때 교사가 보지 못하는 배움의 영역을 발견하기도 하고, 좋아하며 잘하는 것을 찾아 성장 곡선을 만들어간다는 사실을요.

미래학교를 위한 교사의 역할

❷ 연결과 협업

연결과 협업을 주제로 춘천 전인고 김성광 선생님과 이우고 김주현 선생님을 만납니다. 두 분에게서 발견되는 공통점은 학생들의 욕구와 관심사를 발견하고 이를 지속할 수 있는 환경을 만든다는 것입니다. '학습자 중심 교육'을 넘어 '학습자에서 시작하는 배움'을 위해 학생과 교사, 그리고 학교 밖 전문가들과 연결 지점을 만들고 협업하는 두 분의 이야기를 통해 학생과 함께 성장하는 교사에 대해 고민해보면 좋겠습니다.

관계에 기반한
맞춤형 학습설계

◇

전인고등학교, 김성광

세상의 변화에 맞는 학습 계획

 춘천 전인고등학교에서 경제를 가르치고 있습니다. 하지
만 이 문장으로 저를 소개하기엔 학교에서 이상한 걸 많이
하는 교사입니다. 대학에서 경제학을 전공하고 일반기업의
기획조정실에서 프로젝트를 관리했습니다. 뜻한 바가 있어
회사를 나온 이후 교육대학원을 졸업하고 전인고등학교에
온 지도 8년이 되어갑니다.

 관계를 바탕으로 의미 있는 학습경험을 만드는 방법에 관

한 이야기를 시작하기 전에 배움의 순간들을 떠올릴 몇 가지 질문을 드리겠습니다. 여러분에게 가장 기억에 남는 배움의 순간은 언제인가요? 요즘은 그렇지 않겠지만 저는 담임선생님께 박달나무로 백 대 맞은 기억, 점심시간에 좋아하는 가수의 음악을 필요 이상으로 크게 틀어서 학생 부장선생님께 구두로 채인 기억이 가장 먼저 떠올랐습니다. 또 다른 질문을 드리면 학교에서의 배움은 미래를 위한 연습일까요? 아니면 실제적인 실천일까요? 수학 수업 시간에 선생님께 "이거 배워서 언제 써요?"라고 질문한 적이 있습니다. "나중에 쓸모가 정말 많아"라는 답을 받았지만, 경제학과를 나와서도 쓰이지 않는 지식이 많았습니다. 정말로 언젠간 쓰게 될까요? 아니면 그저 한번 실천해보는 경험일까요? 그럼 질문을 바꾸어, 교사는 세상의 변화에 얼마나 민감하게 반응하고 있나요? 세상의 변화로 100세 시대를 마주한 학생에게는 어떤 평생학습 계획이 필요할까요? 이 질문에 대한 답을 조금 더 자세히 파헤쳐보면, 1961년 대한민국 사람의 평균 기대수명은 31.6세입니다. 물론 전쟁 이후의 상황이라는 점을 고려해야 하지만 올해 평균 기대수명이 80세가 넘었다는 점을 감안하면 두 배 넘게 증가한 놀라운 변화입니다. 만약 여러분이 여행을 떠난다면 3박 4일의 여정과 10박 11일의 여정은 분명히 다를 겁니다. 하지만 우리나라의 학제는 1961년부터 지금까지 단 한 번도 바뀐 적이 없습니다. 총 여행 계획은 길어졌지만 여행을 어떻게 해야 할지 계획은 바뀌지 않은 거죠.

학생에게 선택권 부여하기

과거에 반을 편성하는 방법은 이렇습니다. 반이 10개가 있다면 1등부터 10등까지 줄을 세우고 다시 1등 뒤에 11등이 서게 합니다. 1등부터 10등이 선두에 선 같은 열의 학생들이 같은 반이 됩니다. 전인고등학교도 3년 전까지는 반마다 평균적인 학업능력이 같도록 이 방법으로 반 편성을 해왔지만, 지금은 관심 분야별로 학급을 구성하는 '전인플러스'를 학년별 수업과 함께 운영하고 있습니다. 학교 안의 작은 학교라는 의미의 소스쿨小 School제도는 일주일에 5시간 동안(소스쿨에 배정된 3시간, 담임 코칭 1시간, 생활과 인성 1시간을 합한 시간) 무학년제로 배웁니다. 신입생 연수가 진행되는 3주 동안 학생이 3년간 함께 공부할 담임 교사를 선택하는 방법으로 반을 결정합니다. 역사, 문학, 교육, 심리 등 관심사에 따라 만들어진 반의 주제만 거의 20개에 달합니다. 보통 한 반에 6명에서 12명 내외로 구성되지만 한두 명만 선택하는 반도 나오기 마련입니다. 이럴 땐 역사와 문학, 건축과 수학처럼 연결 가능한 주제끼리 묶습니다. 교사가 커버하기 어려운 주제는 외부 전문가를 모시고, 교사는 코칭하며 함께 수업을 만들기도 합니다. 입학 초기엔 음악, 미술, 체육을 많이 선택하지만 시간이 지나면 인원이 분산되면서 자리잡습니다. 학교는 학

관심사에 따른 학급 구성

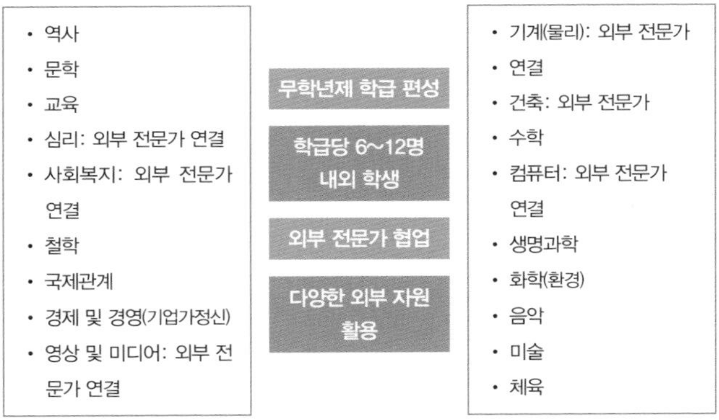

- 역사
- 문학
- 교육
- 심리: 외부 전문가 연결
- 사회복지: 외부 전문가 연결
- 철학
- 국제관계
- 경제 및 경영(기업가정신)
- 영상 및 미디어: 외부 전문가 연결

무학년제 학급 편성

학급당 6~12명 내외 학생

외부 전문가 협업

다양한 외부 자원 활용

- 기계(물리): 외부 전문가
- 연결
- 건축: 외부 전문가
- 수학
- 컴퓨터: 외부 전문가 연결
- 생명과학
- 화학(환경)
- 음악
- 미술
- 체육

그림 8 전인고등학교 소스쿨 학급 구성도. 김성광(2019)

구분	강연	탐방	실행
활동	송길영(빅데이터) 오연호(협동조합) 강원국(글쓰기) 전홍구(데이터분석) 한상엽(소셜임팩트투자) 강남구(청년창업) 박신영(게임제작) 정경선(사회적기업) 윤홍조(사회적기업) 이혜영(사회적기업)	• 한국은행 • 파이낸셜 빌리지 • 성수동 사회적 기업 • 테슬라 • 더존 IT • 삼각산고 학교 협동조합 • 서울혁신파크 • 금병초 협동조합 • 서울 공유 경제를 만나다 • 한양대 사회혁신 센터	• 사회적 기업 물품 판매 • 임시 매점 운영 • 지역 복숭아 대행 판매 • 한우 한 마리 판매 • 5달러 프로젝트 • 중고물품 경매 • 미끄럼 방지 접시 특허 출원 • 휴대용 빔 프로젝터 발명 • 임팩트 투자 체험 • JA KOREA 대회

구분	보고서	사회 참여	자연친화
활동	• 기업분석보고서(매년) • 트렌드분석보고서(매년) • 사업계획서 경연대회(매년) • 미래 기술과 산업 보고서 • 전인인사이트 • 강원도 5일장 조사 • 기본소득 게임 제작 • 빅데이터 활용 아이디어	• 체인지메이커 활동 • 아름다운 가게 봉사 • 춘천 사회적 경제 한마당 • 사회적 경제 교육 멘토링 • 연탄 기부 및 배달 봉사	• 지리산 종주 • 한강 자전거 종주 • 춘천 분지 종주 • 하계 아웃도어

표 1 2013년~2018년 전인플러스 소스쿨 주요 학생 활동. 김성광(2019)

생이 다양한 배움을 경험할 수 있도록 연결하는 플랫폼 역할을 할 뿐이죠.

무엇보다 이 제도의 핵심은 무학년제입니다. 큰 틀은 전인플러스라는 소스쿨의 이름처럼 사회를 좋은 방향으로 변화시키는 데 도움이 될 수 있는 활동과 그 배경지식을 쌓는 데서 시작합니다. 구체적인 수업의 내용은 학생들의 개인적인 관심과 동기 수준에 따라 달라지는데, 처음에는 배움의 의욕이나 동기 수준이 낮기 때문에 아주 쉽고 재미있는 사례를 담은 이야기부터 시작합니다. 이후 사소하지만 직접 아이디어를 낸 상품이나 서비스를 고객을 대상으로 판매해보기도 하고, 학생이 공통으로 관심을 가질 만한 사회 이슈를 다룬 책을 결정하고 나누어 발표하면서 깊이 탐구하고 싶은 주제를 발견하기도 합니다. 다음 발표에는 연관된 다른 주제를 조사하고 발표하면서 배움을 확장해갑니다. 처음에는 고학년 학생들의 발표를 듣고 후배들이 어떻게 학습해야 하는지 감을 잡을 수 있도록 도와줍니다. 학년이 지날수록 동일한 주제라도 더 깊이 자기 생각을 정리할 수 있게 되기 때문입니다. 수업 내용을 선정할 때는 학생 개개인의 관심사에 집중해 학생이 이해할 수 있는 수준의 학습자료 형태를 제공하는 것이 중요합니다. 교사 숫자가 많지 않음에도 불구하고 많은 반을 구성할 수 있는 이유는 부장 선생님을 제외하고는 무조건 담임을 맡기 때문입니다. 그리고 높은 자율성을 부여합니다.

학생들은 소스쿨을 맡은 교사의 성향을 이미 잘 파악하고 있습니다. 제가 맡은 경제경영 소스쿨은 경제와 경영, 그리고 기업가 정신을 배우고자 하는 학생이 모인 교실입니다. 저를 선택한 학생들은 차분하기보단 산만하고, 가만히 앉아 있기보단 바로 뛰어들어야 하는 학생들입니다. 이제 입학한 학생도, 3년 동안 동고동락한 학생도 한 공간에 있다 보니 교사가 일일이 전달사항을 일러두지 않아도 알아서 공유하고 서로 하려는 말과 의도를 눈빛만으로 알아챕니다. 물론 교사나 소스쿨 활동이 맞지 않다고 판단하면 학기별로 이동할 수 있습니다. 다행히도 제가 맡은 소스쿨에는 3년간 시간을 함께 보내며 동반자가 된 학생이 많습니다.

지난 3년 동안 경제경영 소스쿨에서 했던 많은 프로젝트를 카테고리별로 나누면 강연, 탐방, 실행, 보고서, 사회참여, 자연친화에 속합니다. 직접 체인지메이커 활동이나 사회적경제 교육 멘토링을 하고, 빅데이터를 배우기 위해 전문가에게 강의를 들으러 가고, 사회적 기업에 투자하는 투자자와 기업의 대표를 만나 대화를 나누고, 테슬라에 신차가 나오면 메일로 신청해서 시승하기도 했습니다. 단일 프로젝트뿐만 아니라 정기적으로 우리나라 곳곳의 산과 강, 분지를 종주하고 있습니다. 3박 4일 동안 씻지도 못하고 자기 몫의 식량을 짊어지고 걷습니다. 태어나서 그런 고생은 처음 겪을 겁니다. 동료와 고난을 같이 넘으면서 남다른 관계를 맺기도 합니다. 앞서 나열한 모든 활동은 빠짐없이 관계를 맺는 데 중요한 역할을 합니다.

과연 학생과 프로젝트를 할 때 배움과 성장의 목표가 먼저일까요? 또는 활동을 통한 동기부여가 먼저일까요? NGLC[•]의 배움의 분류표는 실제 세계의 활동을 비/단순/모의/제한/복합 실제적 상황으로 나눈 축과 블룸의 인지적 영역의 사고활동을 기억/이해/적용/분석/평가/창조로 나눈 축으로 학습을 설명합니다. 일반적으로 배움을 평가하는 시험은 이 축을 기준으로 했을 때 비실제적 상황에서 분석까지, 전달

[•] Next Generation Learning Challenges. 공교육을 새롭게 변화시키고자 하는 교육자를 지원하는 조직이다. https://www.nextgenlearning.org/

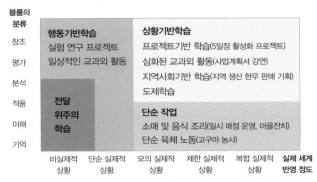

블룸의 분류		
창조	**행동기반학습** 실험 연구 프로젝트 일상적인 교과외 활동	**상황기반학습** 프로젝트기반 학습(5일장 활성화 프로젝트) 심화된 교과외 활동(사업계획서 강연) 지역사회기반 학습(지역 생산 한우 판매 기획) 도제학습
평가		
분석		
적용	**전달 위주의 학습**	**단순 작업** 소매 및 음식 조리(일시 매점 운영, 마을잔치) 단순 육체 노동(고구마 농사)
이해		
기억		
	비실제적 상황 / 단순 실제적 상황 / 모의 실제적 상황 / 제한 실제적 상황 / 복합 실제적 상황 / **실제 세계 반영 정도**	

그림 9 Visual Summary of the My Ways Student Success Series, NGLC(2017) p.18을 바탕으로 재구성.

위주의 학습영역에서 이루어지는 활동입니다. 이 이상으로 평가와 창조 단위의 실험 연구 프로젝트나 일상적인 교과 외 활동과 같은 행동기반학습에서는 시험문제도 잘 내지 않습니다. 하지만 실제로 복합적인 상황에서는 행동기반학습뿐만 아니라 전달 위주의 학습도 꼭 필요합니다. 배움을 입체적으로 생각할 필요가 있습니다.

미국 샌디에이고에 있는 공립형 차터스쿨, 하이테크하이 High Tech High 고등학교는 입체적인 배움이 가능한 다양한 형태의 교과융합 프로젝트 수업을 전개하는 학교입니다. 학생의 다양한 구성을 위해 샌디에이고 전역에서 지원자를 받고,

우편번호를 무작위로 추첨해 학생을 선발하고 있습니다. 학교 곳곳에는 학생들의 다양한 프로젝트의 결과물이 전시되어 있어 언제든 눈으로 확인할 수 있습니다. 전통적으로 학부모와 지역사회 전체에 배움을 공개하고 피드백을 받고 있으며, 교사 간에도 늘 의견을 나누고 수업을 같이 만들며 협업합니다. 이는 학생들의 프로젝트가 실제 세계와 밀접한 연관을 가지고 이루어져야 한다는 학교의 철학과 맞닿습니다. 배움의 동기는 학교에서의 배움과 실제 세계의 연결점을 찾는 데서 만들어집니다. 연결될 때 배움에 몰입합니다. 하이테크하이 고등학교가 프로젝트 기반 수업에서 핵심적으로 고려하는 4가지 요소(목소리와 선택권, 공평성과 다양성, 성찰적 실천, 열정)를 살펴보면 프로젝트를 설계할 때 학생과 교사 그리고 지역사회의 참여와 선택권을 중요하게 생각합니다. 또한, 프로젝트를 수행하는 구체적인 활동도 중요하지만 프로젝트를 실제로 설계할 때 사용하는 디자인 키트의 8가지 요소 ─①프로젝트 런치 ②주요 질문 ③브레인스토밍 ④비평 ⑤수정 ⑥전시 ⑦평가 ⑧성찰 ─ 에서 활동을 돌아보고 성찰하며 상호 평가하는 과정을 꼭 거친다는 점을 주목해야 합니다. 프로젝트 기반 수업은 개별 활동 자체로도 중요하지만 과정에서 얻어지는 문제해결능력, 의사소통능력, 협업능력과 같은 소프트 스킬*이 더 중요하기 때문입니다. 이런 앞선 사례와 교육 현장 사이에 존재하는 공정성이라는 화두를 어떻게 해결할 수 있을지 고민하고 있습니다. 비행기가 이륙

요소	내용
목소리와 선택권 (Voice & Choice)	프로젝트는 교육적 경험의 공동 디자인으로써 학생, 학부모, 지역 사회의 목소리를 포함하여 설계해야 한다.
공평성과 다양성 (Equity & Diversity)	프로젝트는 모든 학생이 의미 있는 작업에 참여할 수 있도록 접근 가능하고 도전적으로 설계해야 한다.
성찰적 실천 (Reflective Practice)	프로젝트는 사려 깊고 신중한 실천을 촉진할 수 있도록 설계해야 한다.
열정 (Passion)	프로젝트는 학생들과 교사들의 개인적 관심, 가치, 열정을 건드릴 수 있도록 설계해야 한다.

표 2 프로젝트 디자인의 4가지 요소

(출처: HTH 교육대학원 홈페이지 https://gse.hightechhigh.org/design/)

● 생산관리, 재무관리, 회계, 인사 및 노무 관리 등의 경영관련 전문 지식을 하드 스킬이라고 하는 데 대비하여 나온 용어이다. 이는 조직 내에서 의사소통 및 협상 능력, 협업능력, 리더십 등을 활성화할 수 있는 능력을 말한다. 다양한 경영전문지식 중심의 경영학 교육이 실제의 경영문제 해결에 그다지 큰 도움을 주지 못한다는 반성에서 등장했다. (출처: 매일경제 경제용어 사전)

요소	점검 내용
프로젝트 런치	학습자가 다양한 관점으로 혁신적인 사고를 할 수 있도록 여러 시작점을 만들어 줄 수 있는 참여적이고 활동적인 경험을 만든다.
주요 질문	학생들에게 친숙한 언어로 다양한 사고와 깊은 탐구를 할 수 있는 열려있는 질문을 정한다(학습 내용, 학생들의 삶, 현실 세상과의 연관성 높이기)
브레인스토밍	학생들과 교사들은 협력하여 중요한 아이디어를 만들고 공유한다. 영감을 위해 계획, 콘셉트, 제안, 질문 등을 잘 기록했다가 붙여 놓는다.
비평	학생들과 교사들은 주요 학습 목표를 검토하기 위해 작업물에 대한 의미, 효과적인 과제 수행을 위한 주요 원칙 등을 정기적으로 분석한다.

요소	점검 내용
수정	학생들과 교사들은 더욱 의미 있는 결과물을 위해 비평, 모델링 또는 지도받은 내용을 바탕으로 작업물을 여러 번 반복하여 수정한다.
전시	학생들의 작업물을 지역사회의 주요 멤버들과 '실제 세상'에 공유하고, 다른 이들에게 필요한 것을 만듦으로써 의미를 부여한다.
평가	프로젝트의 평가는 여러 형태로 진행하며, 정보 전달을 충분히 하고, 성찰적이며, 협력적으로 이루어진다.
성찰	학생들과 교사들은 학생 작업물에 대해 더욱더 깊은 사고를 증진하고 실천에 옮길 수 있는 질문을 던진다.

표 3 프로젝트 디자인 키트

(출처: HTH 교육대학원 홈페이지 https://gse.hightechhigh.org/design/)

하기 위해서는 이륙에 필요한 적절한 활주 거리, 저항을 넘기 위한 속력, 탑승자의 안전을 고려한 구조 설계라는 세 가지 조건이 필요합니다. 배움의 동반자로서 교사와 학생의 관계도 다르지 않습니다. 지속적인 학습 동기를 부여하는 적정 거리, 도약을 위한 의미 있는 학습 경험, 안전한 학습공간으로서의 학교라는 세 가지가 균형을 이룰 때 배움은 시작됩니다. 비행기 동체의 크기에 따라 달려야 하는 거리와 필요한 속력과 설계가 다른 것처럼 학생마다 다른 배움의 조건이 필요합니다.

경험 많은 학습자로서의
교사 모델

◇

이우학교, 김주현

배우고 싶은 것 배우기

학생들과 학교에서 했던 두 가지 프로젝트 중 주제탐구 프로젝트로 이야기를 시작해보겠습니다. 고등학교에서 근무하면서 지켜보면 학생은 학교라는 시스템에 매우 익숙해져 있습니다. 초등학교 6년에 중학교 3년을 더해 총 9년 동안 정해진 학교의 시스템을 경험합니다. 그래서 교육이나 배움의 전문가는 아니지만, 학교라는 시스템에선 전문가입니다. 예전의 일반적인 고등학교 시간표는 0교시가 시작되는 아침 8

시 반부터 야간 자율 학습이 끝나는 저녁 9시까지 빽빽한 일 정이었습니다. 야자가 많이 없어진 현재 고등학교와는 동떨어진 이야기라고 생각하실지 모르겠습니다. 하지만 여전히 시간표는 50분 단위로 교과 수업이 정해져 있고 담당 교사는 바뀝니다. 배우는 학생의 입장에서 이 시간표는 가르치는 사람의 수업에만 초점이 맞춰져 있습니다. 시간표를 가득 채운 수업에는 학생이 이야기를 할 수 있는 시간은 적고, 계속 누군가의 이야기를 들어야 합니다. 이런 하루가 반복되면 몸에 배는 것이 있기 마련입니다. 진로 교사로 학교에서 가장 많이 듣는 학생의 대답은 "잘 모르겠어요"입니다. 이 대답은 무기력한 상태를 그대로 보여줍니다. 익숙한 시스템 아래 배움에 대한 선입견을 가지기 쉽습니다. 그 세 가지가 학교, 선생님, 교과서가 있어야 배울 수 있다는 생각이죠. 선입견은 배움에 대해 수동적인 태도를 고착화합니다. 그래서 진로 수업 시간 중에 학생들에게 "만약 너희들에게 선택 교과를 개설할 수 있는 완전한 권한이 주어진다면 무엇을 배우고 싶니?"라고 물었습니다. 그러자 얼굴이 달라지면서 각자 배우고 싶은 주제를 다양하게 떠올렸습니다. 그 모습에서 학생은 배우는 것을 싫어하는 게 아니라 배우고 싶은 것 보다 배워야 할 것이 너무 많은 건 아닌지, 그러다 보니 계속 학습된 무기력이 나올 수밖에 없는 환경은 아닌지 생각해보게 되더군요. 실제로 학생이 배우고 싶은 것을 배울 수 있다면 어떤 일이 벌어질까요? 학생과 한번 실험해보기로 했습니다. 학생의 동기를 끌어내려면 굉장히 미친 질문들이 필요합니다. '만약 어느 날 학교가 사라진다면?'이라는 질문을 던졌을 때 학생들은 어떤 반응을 보였을까요? 상상만으로도 행복해했습니다. 누군가는 내일부터 나오지 않아도 되는지 진지하게 되물었죠. 이런 대화에서부터 시작할 수 있습니다. 학교가 사라져도 배움이 계속된다면 학생이 고민해야 할 질문이 바뀝니다. 무엇을 배울지, 어떻게 배울지 스스로 결정해야 할 상황을 마주하게 될 겁니다.

주제탐구 프로젝트의 목표는 6가지입니다. 수동적인 배움에서 벗어나기, 자신이 가지고 있는 배움의 욕구 인식하기, 배움의 즐거움 경험하기, 다양한 배움의 방식이 있다는 점을 이해하고 익숙해지기, 학습 자원의 특징을 이해하고 자신의 필요에 맞게 활용하기, 그리고 무엇보다 호기심을 잃지 않아야 합니다. 이 프로젝트는 여러 가지 특징이 있습니다. 한 학기를 4주 단위로 끊어서 총 3라운드를 진행합니다. 학생은 세 번의 기회를 얻는 것과 같습니다. 그리고 팀 과제가 없는 철저한 개인 프로젝트로, 다른 시간을 빼앗지 않고 이 수업 시간에만 집중해서 해내야 합니다. 프로젝트를 마치면 다 같이 결과를 공유하기 때문에 과정을 기록하는 것이 중요합니다. 주제를 정할 때는 익숙한 주제에 머물러 있지 않도록 조금 높은 수준으로 올려 정하기를 권합니다.

수업을 시작하면서 이런 목표와 규칙을 설명하고 주제를 찾는 시간을 주면 선뜻 시작하지 못하는 학생이 많습니다. 한 번도 이런 활동을 해보지 않았기 때문이죠. 자기 안에 어떤 배움의 욕구가 있는지 포스트잇으로 하나씩 적어보게 하고 다시 분류하면서 스쳐 지나갔던 배움의 욕구들을 A4용지 한 장에 단순하게 시각화해서 정리합니다. 그다음엔 배움의 재료를 찾습니다. 학생이 잘 배우기 위해선 욕구만으론 충분하지 않습니다. 욕구를 배움으로 충족시켜주는 주변 자원은 어떤 것들이 있는지 사이트에서 직접 찾아보도록 하거나, 여러 콘텐츠를 접하는 시간을 마련하기도 합니다.

무엇보다 주제탐구 프로젝트가 시작되면 가장 먼저 공간을 바꿉니다. 학생마다 좋아하는 분위기나 공간이 다르기 때문에 공간 가운데 칸막이를 쳐서 크게 두 공간으로 나눕니

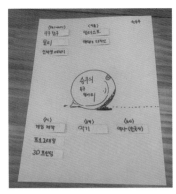

사진 2 주제탐구 프로젝트 욕구 시각화

[주제탐구] 잘 배우기 위해
활용 가능한 학습자원들

책
- 책을 잘 선정하는 방법
- 온라인서점 사이트 이용 방법
- 전자책도 적극 이용

온라인 강의
- MOOC(Massive Open Online Course)
- coursera : https://www.coursera.org/
- edX : https://www.edx.org/
- udemy : https://www.udemy.com/
- [강추] K-MOOC : http://www.kmooc.kr/

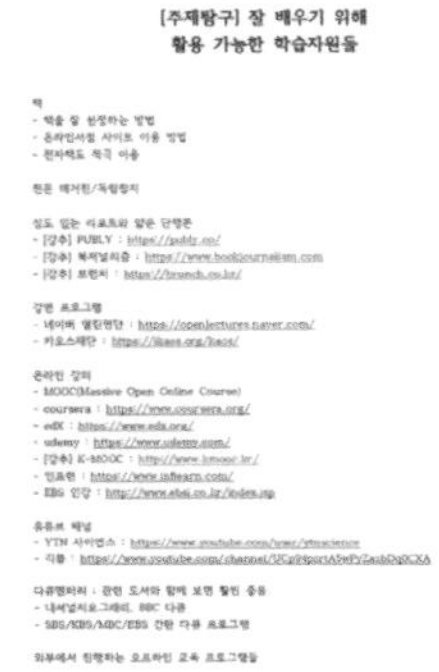

사진 3 잘 배우기 위해 활용 가능한 학습 자원들

다. 한쪽은 혼자서 집중하고 싶은 학생을 위해, 다른 한쪽은 오픈테이블의 느낌을 좋아하는 학생을 위해 책상 구조를 재배치합니다. 한 편엔 주제를 잡은 후에도 다른 주제를 탐색하고 싶거나, 주제를 잡기 어려워하는 학생을 위해 자극이 되는 책들을 흩어 놓습니다. 모든 것이 준비되고 난 후, 제 역할은 커피 내리는 사람입니다. 커피를 내리는 가장 큰 이유는 교실에 있다가 이 공간으로 오는 학생에게 특별한 공간이 마련되어 있다는 느낌을 주고 싶었습니다. 물론 학생이 커피를 잘 마시지는 않지만 커피 향은 모두 좋아합니다. 공간의 향기를 반복해 연출하다 보면 매주 커피 향기가 나는 곳

사진 4 주제탐구 프로젝트가 열리는 공간인 실험과 상상실

을 향해 학생이 찾아옵니다. 주제탐구 프로젝트를 처음 시작하고 학생에게 받은 피드백은 "학교가 우리에게 시간을 주다니!"였습니다. 이 사실만으로도 학교에 고마워했습니다.

학생이 선택하는 주제는 학생의 수만큼 다양합니다. 미술, 손뜨개질, 스케이트보드, 3D 모델링을 배우고, 좋아하는 브랜드를 공부하고, 범고래를 연구하고, 유전자 코드 관련 소프트웨어를 살펴보기도 합니다. 한 학생은 사회시간에 많이 듣는 사회주의, 민주주의 등 여러 '-주의', 이즘-ism을 책 『지적 대화를 위한 넓고 얕은 지식』을 가지고 정리했습니다. 많

사진 5 공간 입구에 붙은 포스터

은 프로젝트를 동시에 진행하다 보면 '우리가 이걸 왜 하려고 했는지'를 잘 잊게 됩니다. 하나의 방법으로 우리가 하려는 프로젝트가 무엇을 위한 것인지 계속 생각하도록 배달의민족 광고를 참고삼아 포스터를 만들어 공간 입구에 붙이기도 했습니다.

이렇게 1라운드가 끝나면 학생들은 그동안의 배움을 정리해서 다른 학생들과 공유하는 시간을 갖습니다. 스스로 배운 것이 작아 보여도 꼭 거쳐야 하는 과정입니다. 공유를 위한 그라운드룰은 이렇습니다. 20명을 5명씩 나누어 동시에 발표하는 구조를 만들었는데 예를 들어, 한 테이블에는 한 학생이 호스트가 되고, 나머지 학생이 원하는 테이블로 찾아갑니다. 호스트가 된 학생은 자신의 지난 배움을 공유합니다. 1라운드 동안 수화를 배운 학생은 좋아하는 노래의 수화 버전을 친구들에게 가르쳐 주기도 합니다. 관찰해보면 배우는 속도는 느리지만 배운 내용을 다른 사람에게 전달하는 에너지가 특별한 학생이 있습니다. 앞서 한 학기에 3라운드, 세 번의 기회를 주기로 정한 것은 프로젝트를 진행하면서 주의를 기울인 부분 중 하나입니다. 단 한 번의 기회로 실패를 만회하거나 보완할 수 없습니다. 그래서 여러 번의 기회를 제공하려고 했습니다. 모든 라운드를 마치고 이 활동을 통해 학생이 배우고 느낀 점을 설문으로 받았습니다.

"내가 하고 싶었던 일들을 시작하지 못했던 건 어쩌면 하나의 변명일 수도 있겠다는 생각이 들었다. 시작하는 것은 생각보다 어려운 일이 아니었다. 일주일에 한 시간 반을 투자하는 것만으로 많은 일을 할 수 있었다."

"평소에 재미있어 보이거나 관심이 있었던 주제로 해서 그런지 배우는 과정 내내 정말 즐거웠다. 그래서인지 이번에 배운 주제들을 더 깊게 공부해보고 싶다는 생각도 많이 들었다. 자연스럽게 책도 더 찾아 읽어봤고 이어서 공부하고 싶은 다른 주제들도 발견했다. 주제탐구 프로젝트를 하면서 지식을 많이 배우고 쌓았지만 내가 흥미 있고 관심을 가지던 영역이나 도전하고 싶은 영역도 더 넓어진 것 같다."

"세상에는 수많은 배움이 있다는 것을 깨달았다. 시간이 없다는 핑계만으로 내 배움을 학교 교육과정 안으로 한정지어 놓은 채 확장하지 못했던 과거를 돌아보며 반성했다. 페르마의 마지막 정리를 공부하면서 오일러 같은 주변 수학자들을 알게 되었고, 그것들을 탐구하다가 수학사를 자연스럽게 공부했다. 마지막엔 수학의 본질에 대해 고민했다. 이렇게 배움이 꼬리에 꼬리를 물면서 늘어나는 것처럼 나 또한 성장했다."

"새로운 배움의 기회는 학교 밖에도 충분히 존재한다는 것을 느꼈다. 배움을 찾으려 하기 전에는 몰랐지만, 흥미 있는 주제가 생기고 배우고 싶게 되니 배움을 일으킬 수 있는 존재들을 인식하게 됐다. 좋은 책들, 인터넷 사이트, 관련 모임 등

많은 곳에서 도움을 받은 기억들이 인상적이었다."

"내가 정말 오로지 '나'로서 얻을 수 있는 주체적인 배움이 가능하다는 것을 처음으로 직접 해보며 알았다. 그 덕에 앞으로의 나를 기대한다. 내가 배운 것을 친구들에게 나누는 시간의 기쁨이 기억에 남는다. 나는 그런 나눔을 좋아하는 사람인가 싶다."

실제 세상과 만나기

진로 교사로서 '어떻게 하면 실제 세상과 만나는 경험의 기회를 넓힐 수 있을까?' 하는 관심으로 인턴십프로젝트를 진행하고 있습니다. 보통 필요한 배움이 있는 기관에 강의 또는 탐방을 요청하고 방문합니다. 학생이 실제 세상을 만났을 때의 기쁨이 어떤지는 숨길 수 없는 표정이 말합니다. 좋아하는 콘텐츠를 발행하는 미디어회사를 찾았을 땐 직접 손편지를 준비한 학생도 있었으니까요. 실제 세상을 좀 더 쉽게 접근할 수 있도록 지역과 지역의 비즈니스를 살펴보는 골

목길 투어의 가이드로 직접 나서기도 합니다. 학생이 실제 세상에서 만났던 사람들과의 좋았던 점을 자신의 기획과 운영의 묘에 반영하기 시작한 것은 활동 이후 가장 의미 있는 변화 중 하나입니다.

돌이켜 생각해보면 교사를 시작하던 때에는 지식을 잘 가르치는 것을 교사의 가장 중요한 역할로 여겼습니다. 교사 생활을 하다 보니 교사가 잘 가르친다고 학생이 저절로 배우지 않는다는 걸 가장 많이 깨닫습니다. 학생이 어떻게 잘 배울 수 있을까요? 저는 지금까지 학생에게 자신을 탐색하고, 자기 배움을 탐구하고, 실제 세상을 경험할 기회를 제공하거나 학생이 잘 배울 수 있는 환경과 좋은 배움의 경험을 디자인하는 시도를 해왔습니다. 미래 교사의 역할은 바로 이런 게 아닐까요. 학교의 긴장감은 교사가 가르치려고 하는 순간 학생과 교사 사이에 생깁니다. 만약 학교가 좋은 배움터라면 학생뿐만 아니라 교사에게도 좋은 배움터일 수 있지 않을까요? 가르치는 것을 내려놓고 학생과 동등하게 함께 배울 수 있는 학교와 시간을 디자인해본다면 과연 어떤 일이 벌어질까요? 이것은 제 다음 실험 주제입니다. 그 제목을 경험 많은 학습자로서의 교사로 이름 짓고 시작해보려 합니다.

김주현 × 김성광
— 문숙희 매니저와의 대담

두 분은 학교 안에서 학생과 협업하면서 프로젝트를 진행하고 수업을 꾸려가고 있습니다. 학생뿐만 아니라 많은 구성원과의 협업과 연결이 필요할 텐데요. 특히 김주현 선생님은 학부모와의 관계를 만들기 위한 노력을 많이 하고 계시다고 알고 있습니다. 정해진 답을 잘 골라야 좋은 대학을 가도록 설계된 체제 안에서 새로운 시도를 할 때 학부모의 반대와 같은 어려움에 부딪힐 때는 어떻게 하시나요?

김주현 불안이나 두려움이 생기는 이유는 여러 가지인데, 그중 가장 큰 이유는 잘 몰라서 생깁니다. 학생과 실제 세상을 만날 수 있는 새로운 배움의 길을 찾아 여러 가지 다양한 시도를 하지만 정작 학부모는 학생이 어떤 환경에서 무엇을 시도하고 있는지 모르는 경우가 많습니다. 때로는 학생이 집에 돌아가 마음 써서 하고 있는 프로젝트에 대해 부모님과 이야기를 나누다 오해가 생겨 답답해하기도 합니다. 어떻게 하면 이 차이를 좁힐 수 있을지 고민하다가 학생이 어떤 세계를 만나고 어떤 생각을 하는지 조금이라도 경험해볼 수 있도록 학부모 진로특강을 열었습니다. 고등학교 1학년을 대상으로 한 교실에 20명의 학부모를 모시고 4주 동안 학생이 배우는 내용을 압축해서 전달하고, 직접 경험해봅니다. 그리고 학생과 함께 골목투어를 하며 마무리합니다. 그리고 저와 학부모의 나이가 비슷하다는 점도 중요하게 작용합니다. 학부모와 만나거나 대화하는 게 나이가 비슷해지는 시기부터 편안해지더군요. 시간이 쌓이면 해결되는 부분이 있는 것 같습니다.

김성광 선생님은 학교의 구조 자체를 바꿨습니다. 학교, 교사, 리더, 학교 밖 전문가와 어떻게 협력하고 연결할지에 대한 고민이 소스쿨에 다 담겨있는 것 같습니다. 왜 이런 시도를 하게 되셨나요?

김성광　제가 전인고등학교에 처음 왔을 때의 일입니다. 한 학생이 온종일 자고 있길래 교무실에 불러서 자는 이유를 물었어요. 그랬더니 학교에서 배우는 게 너무 재미없고, 공부해야 하는 이유를 모르겠다고, 앉아서 하는 공부는 정말 못하겠다고 답하더군요. 제가 경험 많은 경직된 교사였다면 학생이 공부하기 싫어서 대는 핑계라고 생각했을 겁니다. 순진했던 저는 학생이 몸으로 부딪히면서 공부하고 싶어 한다는 결론을 내렸습니다. 그렇게 여기저기 찾아 나선 것이 시작이었습니다. 많은 분이 어떻게 그렇게 많은 전문가를 섭외할 수 있는지 물어봅니다. 최근에 제가 네 군데의 방문기관 섭외를 위해 기관으로 보낸 메일은 82개입니다. 4개 성공하면 타율로는 5푼이죠. 이런 야구선수가 있나요? 보통 100개에서 120개 메일을 보내면 한두 개 연결됩니다. 그래도 계속 도전합니다. 학생이 바라는 배움의 모습이 그곳에 있다고 생각하니까요. 제가 계속할 수 있었던 이유는 학생의 배움 못지않게 교사도 새로운 사람과 세계를 만나며 배우는 게 즐겁기 때문입니다. 일을 추진하고 구조를 바꾸는 건 교사의 의도만으로는 할 수 없는 일입니다. 4~5년간의 치열한 논쟁 끝에 소스쿨제가 출발할 수 있었습니다. 시작하신다면 서로를 설득해가는 작업이 많은 비중을 차지하게 될 겁니다.

배움의 동기가 없는 학생들과는 어떻게 마주하면 좋을까요?

김성광   우리나라에서 초등학교 교육 6년, 중학교 교육 3년을 지나고 만나게 되는 대부분의 고등학생이 배움의 동기가 있으리라 기대하는 것은 무리입니다. 대다수 학생은 배움의 내재적 동기보다는 학습을 통해 좋은 대학을 진학해야 한다는 의무감이나 주위의 기대 때문에 공부하는 것처럼 보입니다. 스트레스가 과하게 쌓이거나 다른 상처가 있는 경우엔 무기력한 모습을 보이기도 합니다. 이런 학생들에게 동기를 부여하기 위해선 많은 시간과 대화가 필요합니다. 앞서 이야기했던 것처럼 학생이 관심을 가질 만한 다양한 활동들을 제시했습니다. 예를 들면 쉬는 시간 학교 매점 운영, 상품 개발 프로젝트, 광고 만들기, 경매 행사처럼 학생들이 일상적으로 공부라고 느끼지 않을 만한 활동을 제시하는 것부터 시작합니다. 어떤 경우에는 이러한 시도가 나도 무엇인가를 할 수 있다는 자신감을 길러주어 다른 학습에도 시너지를 줍니다. 물론 모두에게 유효한 방법은 아니에요. 어떤 학생의 경우

다양한 방법으로 접근해도 그 무기력을 극복하기가 힘들 수 있습니다. 앞서 보여드렸던 배움의 분류표의 그래프의 방향대로 배움이 진행되지는 않습니다. 단순 작업만 하다가 그만할 수도, 표에 나타나지 않는 그 아래엔 여전히 단순 작업도 자신에게 의미가 없는 경우가 많습니다. 단순 작업을 꾸준히 같이하면서 마음을 연다면 다음 단계로 갈 준비가 된 겁니다. 이어 관심사를 좀 더 탐구해보려고 하거나 지적인 활동을 하려 할 때, 더 높은 단계의 배움이 가능하죠.

김주현　말도 없고 자기표현도 잘 하지 않아 무기력해 보였던 학생이 있었는데, 막상 자신이 좋아하는 것을 탐구해볼 기회가 주어지자 '한복'에 대한 애정을 조금씩 드러내며 꾸준히 공부하는 사례도 있었고요. '운동'을 너무나 좋아한다고 공공연하게 이야기하던 학생은 막상 기회가 주어지자 오히려 하염없이 시간만 흘려보내는 경우도 있었는데요. 그렇게 몇 차례 시간을 보내더니 어느 날 자신이 운동을 엄청 좋아하는 줄 알았었는데 꼭 그렇지는 않은 것 같다고 하면서, 자신이 좋아하는 것들을 정리한 종이를 보여주며 이제야 좀 더 자신에게 솔직해질 수 있게 되었다고 이야기하는 사례도 있었습니다. 물론 무엇을 해야 할지 잘 모르겠다면서 작은 시도조차 하지 않는 학생들도 여전히 있지만, 저로서는 조바심내지 않고 틈틈이 학생들이 도전해 볼 수 있는 소소한 기회들을 제공하고 독려하는 데 집중하고 있습니다.

그럼에도 매년 무기력하거나 배움의 동기가 없어 보이는 아이들을 자주 만나게 됩니다. 그중에는 학습된 무기력 현상을 보이는 아이들도 있지만, 한편으로는 자신이 가지고 있는 배움에 대한 욕구를 드러내 보이거나 실험해볼 수 있는 기회가 충분히 제공되지 않아 무기력해 보이는 경우도 꽤 많았습니다. 저 역시 이러한 아이들을 어떻게 도와야 할지, 어디서부터 시작해야 할지 알 수 없어서 고민하던 중에 '욕구'라는 단어에(특히 '배움의 욕구'라는 단어에) 관심을 기울이게 되었고, 욕구라는 것도 저절로 만들어지기보다는 연습(경험)이 필요하고, 반복해서 연습할수록 욕구의 크기와 다양성도 향상된다는 것을 조금씩 이해하게 되었습니다. 앞서 소개한 고1 아이들과 진행하고 있는 '주제탐구 프로젝트'도 아이들에게 배움에 대한 자신의 욕구를 연습해볼 수 있는 기회를 제공하기 위해 시작한 것이기도 하고요. 무기력 자체에만 집중하기보다는 욕구라는 키워드로 관심을 전환하고, 리스크가

크지 않은 도전의 기회를 자주 제공해 직접 시도해 보면서 자신의 특성을 발견해갈 수 있도록 돕는 것이 이 문제를 해결하는 여러 방법 중 하나가 될 수 있다고 생각합니다.

현재 지식 전달 위주의 암기식 교육에 대해서는 어떻게 생각하시나요?

김성광　　지식을 배우는 것 자체는 매우 중요합니다. 지식은 다양한 경험이 축적된 중요한 자산입니다. 그래서 지식을 가르치고 배우는 방법에 주목해야 합니다. 지식을 무작정 암기하게 하기보다 서로 탐구하고 토론하는 거죠. 물론 어떤 지식은 강의가 가장 좋은 방법일 수도 있고, 어떤 지식은 실제로 행동하며 배우는 것이 가장 좋은 방법이 될 수 있습니다. 다만 지금은 지식을 쌓아가면서 획득하게 되는 '배우는 법을 배우는 것'이 더 중요한 시대입니다.

　암기식 교육과 지식교육은 다릅니다. 21세기에 요구하는 문해력은 무엇일까요? 프로젝트 학습도 단순히 피상적인 활동 위주로 이루어질 수 있지만, 앞으로 고도의 지식 중심 사회가 된다고 했을 때 단순 반복적인 활동은 쉽게 대체될 겁니다. 지식교육은 그래서 달라져야 합니다. 대안교육과 대안

학교라고 하면 농사, 목공 교육을 먼저 떠올리는 분도 있겠지만, 지식교육도 중요한 축입니다. 물론 초기 대안학교에서는 단순 육체노동을 프로젝트로 부르는 경우도 많았습니다. 동기를 부여하는 단계에서는 의미 있는 활동이지만 다음 세대가 살아갈 지식 기반 사회의 활동이 여기에만 머무르지 않습니다. 프로젝트를 복합적인 실제 상황에서 분석하고 평가하고 새롭게 창조하는 활동이라고 재정의할 때 지식이 기반이 되지 않으면 실제에 기반을 둔 심화된 프로젝트 기반 학습은 어렵습니다.

김주현　　저는 지식이 지닌 가치와 인류가 그동안 지식을 축적하고 다음 세대에게 전수해 온 방식들을 매우 존중하고 흥미로워하지만, 미래 세대를 위한 교육이 지식 위주와 암기 중심으로 머물러 있는 것에는 큰 우려가 있습니다. 그것이 단지 옛날 방식이어서라기보다는, 교사와 학생, 학부모 모두에게 '지식의 축적이 곧 교육'이라는 굉장히 협소하고 기계적인 교육관을 형성하도록 만들기 때문입니다. 이러한 교육관은 학생들을 수동적이고 비주체적이며 기계적인 대상으로 이해하는 것을 너무나도 쉽게 합리화시키며, 그저 잘 가르치기만 하면, 또는 지식을 잘 축적하고 오래 기억하도록 만 해주면 학생들은 저절로(기계적으로) 성장하게 될 거라는 매우 단순한 생각을 강화해줍니다. 교사의 역할 역시 가르치는 역할 그 이상을 상상하거나 기대하지 않게 만들기도 하고요.

이제 이러한 협소하고 기계적인 교육관을 넘어 학생들이 가르침의 대상이 아니라 배움의 주체임을 분명히 인식하고 개별 학생들의 차이에 대해서도 깊이 이해하는 교육으로 나아가야 한다고 생각합니다. '지식vs활동', '강의식vs프로젝트식'과 같은 이분법적 사고에 머물러 있기보다는 학생 한 명 한 명의 '배움'과 '성장'에 온전히 집중할 필요가 있습니다. 학생들이 잘 배우고 성장하기 위해서는 지식만 필요한 것이 아니라 배움의 욕구, 호기심, 태도, 배우는 법을 배우기와 같이 훨씬 다양한 요소들이 필요하다는 것을 이해하고 이러한 요소들을 분절적으로 다루기보다는 통합적인 시각에서 다루어야 합니다. 더 나아가 학생들마다 관심 있는 분야도 다르고 관심을 기울이는 시기도 다르고 배움의 속도도 다르다는 것을 진지하게 받아들인다면, 때에 따라서는 많이 가르치는 것 보다 덜 가르치는 것이, 경직된 체계성보다 유연한 느슨함이 학생들의 배움과 성장을 더욱 촉진할 수도 있다고 생각합니다. 우리에게는 이러한 유연함이 필요하다고 생각합니다. 그래야 교사의 역할에 대해서도 지식의 전수자를 넘어 촉진자와 코치로서의 역할이 왜 필요한지 이해할 수 있을 겁니다.

모두가 단번에 학교의 제도를 바꿀 수도, 프로젝트 수업을 두 분이 하고 계시는 수준으로 시작할 수도 없을 겁니다. 시도를 앞두고 과정을 고민하고 있는 교육자는 어떻게 시작하면 좋을까요?

김주현   처음부터 크게 했다가 실패하면 타격이 너무 큽니다. 그래서 학교 안에서 교사가 감당 가능한 범위 내에서 안전한 실험 공간을 확보해야 합니다. 예를 들어 교과수업에서 큰 변화를 주기는 어렵습니다. 그런 면에서 학교의 큰 기대가 없는 동아리 시간은 학교 구조에서 실험하기 가장 좋은 기회입니다. 교사의 실험 시간이자 공간으로 이용해 창의적 체험활동 시간으로 점점 넓혀볼 수 있습니다. 맡은 시간 동안 그동안 해보지 않았지만 해보고 싶었던 일을 학생과 시작해보는 겁니다. 실패해도 큰 타격은 없습니다. 안전한 실험을 위한 시공간의 중요성은 여기에 있습니다. 하다 보면 교과 수업에서도 학생에게 기회를 줄 수 있다는 단계가 옵니다. 앞서 말한 주제탐구 프로젝트가 대단한 게 아닙니다. 위험부담이 있어도 학생에게 기회를 주는 것이죠. 기회를 얻은 학생은 처음엔 많이 불안해합니다. 그럴 때마다 상세하게 한 명씩 피드백을 주는 게 아니라 학생이 집중할 수 있는 환경을 지금의 학교 환경과 연결해서 고민하고 가능한 지점을 찾아보면 그곳이 초등학교나 중학교라고 해도 가능합니다. 학생이 기대하지 않은 배움과 성장을 보여줄 때 교사는 수업의 의미를 찾습니다. 어쩌면 초등학교에서는 더 기발한 순간을 교사가 만날 수도 있지 않을까요?

김성광   저는 반대로 저질러 놓고 보는 한 교사를 예로 들고 싶습니다. 말이나 생각보다 행동을 먼저 하시는 분입니다. 학생 개개인별로 개별화된 학습지와 툴을 제공하는 구글 클래스룸이라는 플랫폼을 이분께 소개하면서 같이 배워보자는 제안을 했습니다. 제 말이 떨어지자마자 교육청에 전화해 필요한 기기를 살 수 있는 지원을 알아보고, 교장 선생님께 연락해 연수비를 확보하고, 함께 배울 수 있는 공간을 마련하고, 구글에 신청서까지 제출했습니다. 이 모든 건 여기까지 오는 지하철 안에서 이루어졌습니다. 보통은 시작점부터 끝나는 지점까지 계획을 설계하고 안전한 경로를 따라갔을 때 예상되는 결과를 생각하고 시도합니다. 이 과정을 따랐을 때는 속도가 더디게 느껴졌던 것과는 달리 저질러놓고 보는 이 분의 속도는 놀라웠습니다. 기업가정신 교육에서도 처음부터 완벽한 계획을 세워서 사업을 시작하지 않고 시장에서 계속 수정해나가는 '린 스타트업'을 레퍼런스로 많이 삼습니다. 작게 시작해 계속 충돌하며 나아가는 거죠. 말이나 생각보다 행동을 먼저 해보세요. 저지르는 게 좋은 시작이 될 수도 있습니다.

두 분은 프로젝트 기반의 수업을 오래 해왔습니다. 처음 시작할 때와 달리 경험이 많이 쌓인 지금은 어떤 고민을 하고 있나요? 고민을 해결하기 위한 계획이 있으신가요?

김주현　학생에게 기회를 주는 것까진 어느 정도로 해보고 있지만, 기회를 발판삼아 더 깊이 있는 경험과 배움으로 들어가기 위해 필요한 것은 무엇인지 고민하고 있습니다. 다음 주제탐구 프로젝트에서는 학생이 시도하는 것 이상의 깊이 있는 경험까지 갈 수 있는 방법에 대한 고민이 담길 예정입니다. 학생과 교사가 동등한 학습자로 배우는 수업을 교과나 교양수업에서 실험해보려고 하고, 가능성을 확인하면 조금씩 확대할 수 있으리라 기대합니다.

김성광   교사가 다양한 경험을 제시하며 지도를 넓혀주면 학생이 무언가를 발견할 수 있다고 생각하면서 이것저것 많이 시도해왔습니다. 많은 사례를 살펴보고 학생 각자의 결론을 도출할 수 있지만, 학교에서 배움을 얻는 학생의 시간은 한정적이기 때문에 제공하는 교육과 경험이 의미 있어야 합니다. 그렇다면 학생이 이루고 싶은 목표를 먼저 제시하고 경험을 나중에 설계하는 것이 맞는 걸까요? 그래서 지금은 학생이 언제든 배우고 싶을 때 배울 수 있는 역량을 늘려줄 수 있는 경험은 무엇일지 고민하고 있습니다.

미래학교를 위한 교사의 역할

❸ 다양성

다양성을 주제로 이화미디어고 이윤승 선생님과 문구점 응 이중용 대표님을 만납니다. 두 분을 앞서 인터뷰하며 공통적으로 나눈 한 마디는 "학교에는 다양한 역할을 하는 교사가 필요하다"였습니다. 넓은 의미의 커뮤니티 속 학교에서 이름을 걸고 내 역할을 찾아 다양한 삶의 조건을 만드는 교사에 관해 이야기 나눕니다.

각자의 역할을 하는
다양한 교사가 필요하다는 믿음

◇

이화미디어고등학교, 이윤승

내가 학교에서 배운 것

인터뷰와 TV에 나온 덕에 저를 '학생과 반말하는 교사'라는 현상으로 아는 분들이 많습니다. 하지만 지금의 저를 있게 한 가장 큰 이유이자 동력은 학교에 다니던 과거입니다. 사실 학교에서 교사에게 무엇을 배웠나 생각해보면 별로 없습니다. 굳이 찾아보면 벌 받을 때 어떤 태도로 있어야 하는지, 왜 아침 일찍 학교에 가야 하는지는 모른 채 향했던 매일, 권력 앞에서 어떻게 눈치를 보는지, 맞을 때 어떻게 맞아야 하는지를 배웠습니다. 공부에는 뜻이 없어서 학교 수업시간에 열심히 듣는 학생은 아니었습니다. 중학교까지는 친구랑 놀러 다닌다고 생각하며 학교를 다녔는데 고등학교에선 공부를 해야 하니까 할 것도 배울 것도 없더군요. 그래서 그만뒀습니다.

그런데 이상하게 그만두고 나니까 교사가 되고 싶어졌습니다. 학교를 그만둔 다음 날 눈뜨고 가장 먼저 '오늘 뭐 하지?'라는 질문이 떠올랐습니다. 학교에 다닐 땐 아침에 일어나 자연스럽게 밥을 먹고 학교에서 시간을 보내다 집에 오면 자고, 다음 날 다시 학교에 가는 반복된 일상이 있었는데, 막상 그만두고 나니 할 게 없었습니다. 밥도 안 먹어도 되고, 잠도 더 자도 되고, 딱히 계획도 없었죠. 어떤 게임을 할지, 무슨 영화를 볼지, 만화책을 볼지…. 하루의 일상에 대해 생각해본 게 처음이었습니다. 나만 즐겁고 행복한 것 같아서 친구들에게 미안하기까지 했습니다. 남겨진 학생들이 불쌍해 보였어요. 물론 학교를 쉽게 그만둔 건 아닙니다. 나름의 이유, 방황, 자살 시도도 했었기에 제게 학교는 큰 고민거리였습니다. 사회에서 만날 사람들이 학교 안에서 만나는 사람들과 같다면 정말 살고 싶지 않을 거라고 자주 생각했습니다.

학교엔 이야기가 통하거나 고민을 함께 깊이 이해해줄 수 있는 친구나 교사가 없었습니다. 내가 교사가 된다면 과거의 나와 같은 사람에게 필요한 존재가 되고 싶었습니다.

교사가 되기로 마음먹은 이후로는 어떤 과목의 교사가 될지는 중요하지 않았습니다. 당시 크게 다쳐서 장애인이 되었고, 지금은 지팡이를 짚고 다니지만 그땐 휠체어를 타고 다녀서 집에서 통학이 원활한 대학을 우선순위로 찾았습니다. 그 당시엔 사범대를 가야 교사가 되는 줄 알았습니다. 일반 대학을 가서 교직 이수를 하는 방법도 몰랐습니다. 그렇게 정한 대학의 사범대엔 과가 몇 개 없었습니다. 국어교육과나 역사교육과를 가야겠다고 마음먹고 보니 제2외국어를 공부해야 했습니다. 중국어책과 일본어책을 비교해봤는데 둘 다 도저히 못 읽겠더군요. 이럴 거면 수학을 좀 더 하겠다는 마음에 이과 쪽의 과를 살펴보니 가정, 컴퓨터, 수학이 있었어요. 컴퓨터도 가정도 언젠간 없어질 것 같았지만 수학은 이천 년 동안 해온 학문이니 앞으로도 이천 년은 더 존재할 것 같았습니다. 평생직장으로 삼는 마음으로 수학을 선택했고 현재 수학 교과를 가르치고 있습니다.

쿠팡, 이마트 vs 동네 슈퍼

사범대를 다니면서도 어떤 교사가 되어야 하는지 계속 고민했습니다. 나 같은 사람을 위한 교사가 되는 것이 처음 목표이자 유일한 이유였기 때문에 그런 사람을 어떻게 바라보고 교사로서 대해야 할지가 주된 고민의 내용이었습니다. 하지만 무엇보다 나다움을 잃지 않으면 되겠더라고요. 스스로 변하지 않으면 학교에서 나와 비슷한 사람을 잘 이해하고 발견할 수 있을 것 같았습니다. 우리는 모두 학생 시절을 겪었지만 얼마나 괴로웠는지 금방 잊습니다. 어려웠던 순간을 잊지 않는 교사가 되고 싶었지만, 되고 나니 금방 잊었습니다. 사범대에서 보낸 4년이 너무 편해서였는지 교사가 되어 권력에 심취했습니다. 조용히 하라고 하면 모두가 조용히 하고, 줄을 서라고 하면 금세 줄을 섭니다. 마법 같은 놀라운 경험이죠. 다들 하니까 나도 해도 되는 건지 고민하면서 행동을 바꾸진 않았습니다. 게다가 대학에 다니면서 수학에 재미를 붙인 터라, 이렇게 재미있는 걸 학생들은 왜 안 하는지 의문스러웠습니다. 수학이 얼마나 재미있는지 알려주겠다는 호기로움이 있었죠. 그때의 전 모두에게 좋은 교사라고 생각했습니다. 수학도 잘 가르치고, 학생과도 인간답게 대화하면 가능하다고 믿었죠. 나 같은 학생을 위한 교사가 되겠다는 처음의 이유와는 달리 모두를 대상으로 하는 유능한 교과 교사로의 길을 열어두고 있었습니다.

교사가 하는 일은 무엇일까요? 그리고 교사만이 할 수 있는 일은 또 무엇일까요? 이런 질문 앞에서 수학 교사로서 수학을 어떻게 쉽고 재밌게 잘 배울 수 있게 할지, 이런 고민 주변에 있는 수학 교사와 인터넷 강의를 찾아보면서 수학을 잘 가르치는 방법을 연구했습니다. 하지만 제 길은 아니었어요. 물론 욕심은 있었습니다. 저는 다 알아듣지 못하는 수학 지식을 늘어놓거나, 15자리 암산을 하고, 학생의 질문에 3초 만에 대답하는 수학을 정말 잘하는 교사도 있습니다. 반면, 저는 학생이 질문하면 "잠깐만, 생각해볼게." 하고 있는데 말이죠. 수학을 잘 가르치기 위해 공부하면 할수록 대학에서 발견한 수학의 재미와는 달리 싫어하는 수학을 가르치고 있었습니다. 그래서 생각을 바꿔 내 역할은 '동네 슈퍼'라고 정했습니다. 제가 담임을 하는 반 학생도 수학 교과의 스타강사가 하는 인터넷 강의를 듣습니다. 과목을 대면 가장 먼저 떠오르는 스타강사들은 팀을 거느리고 있습니다. 이마트를 동네 슈퍼가 이길 수 없는 것처럼 말이죠. 쿠팡은 하루 만에 배송되지만 저는 정답 배송이 느립니다. 같은 강점으로는 상대가 되지 않습니다. 반에서 수학을 잘 하는 학생이 수업시간에 수업을 듣지 않더군요. 이유를 물었더니 학원에 살다시피 하면서 배웠다고 했습니다. 그러면 제게 굳이 배울 필요가 있을까요? 교사니까 "안 돼. 나한테 배워야 해. 내가 진짜 수학을 알려줄게"라는 건 말이 되지 않습니다.

저만의 강점을 찾아보기 시작했습니다. 어차피 지는 싸움이라고 폐업하고 다른 걸 할 순 없습니다. 제겐 수학 이외에 '인권'과 '투쟁'이라는 키워드가 있었습니다. 교사가 된 이유를 키워드로 말하자면 학생인권이었으니까요. 머리를 강제로 자르는 게 싫었고, 교복을 입고 다니는 게 싫었고, 50분마다 한 번씩 새로운 사람이 나타나서 지금 집중해달라고 말하는 게 싫었습니다. 제가 짜지도 않은 시간표에 따라 수학 공부에 집중하다 50분 지났다고 그만하고, 10분 쉬었다가 다음 과목으로 넘어갑니다. 오늘 수학 시간이 아침이었다면 내일은 오후고, 다음 학기가 되면 다시 오전이 됩니다. 교사 마음대로 바뀌죠. 공부에 방해가 됐습니다. 오히려 자퇴하고 공부를 시작하면서 온종일 하나의 과목에 집중하고, 내가 할 수 있는 만큼 찾아보고 시도하며 공부할 수 있어서 좋았습니다. 언제든 필요하면 강의를 들을 수 있는 EBS도 많은 도움이 되었죠. 하지만 지금 당장 그런 배움의 환경을 만들 수 없다면, 학생인권이 존중되는 학교를 만드는 데 제가 쓰이기를 바랐습니다.

학교 안에서 N분의 1 되기

행동으로 옮기는 과정엔 어쩔 수 없이 투쟁해야 하거나 학생이 직접 나서야 할 때가 있습니다. 그때마다 같이 대화하고 싸우는 교사가 되려고 했습니다. 수학이라는 교과를 가르치는 교사로서도 학원을 다니지 않는 학생이나 태생적으로 온라인이나 큰 마트를 싫어하고 생협에 가거나, 남들 다하는 건 왠지 싫은 나 같은 학생들을 위한 수업을 준비하고 있습니다. 그럴듯하게 아는 척할 수 있는 지식이 수학에도 있거든요. 예를 들면, "수학이 뭐야?"라는 질문에 "수학은 어떤 학문에서도 할 수 없는 '같다'는 말을 쓸 수 있다"라고 알려주죠. 있어 보이지 않나요? 제 교과의 목표이기도 합니다. 동료 교사와는 길이 다르다는 걸 잘 알고 있습니다. 물론 앞서 대화를 나누어주신 교사처럼 되고 싶었던 적이 있습니다만 할 수 없을 뿐더러 지금은 하고 싶지 않습니다. 제가 잘 하는 걸 계속 키워나갈 생각입니다. 그러기 위한 실천 과제 중 하나가 '학교 안에서 N분의 1되기'입니다. 학생이었을 때 제일 필요했던 사람은 인간으로서 똑같은 대우를 하는 사람이었어요. 마찬가지로 학교 안에서 N분의 1이 된다는 건 학급 안에서는 저와 학생이 동등하게 N분의 1을, 학교 안에서는 교장과 제가 동등하게 N분의 1이 되는 겁니다. 학급과 학교에서 각자가 N분의 1이 된다면 학교를 구성하는 학생, 교사, 학부모, 교장 모두가 N분의 1씩 권력을 나눠 가지게 됩니다. 권력은 오히려 나누면서 커지니까요.

우리는 무엇부터 해볼 수 있을까요? 제 첫 번째 답은 나이의 위계를 없애는 것입니다. 학생과 저의 가장 큰 차이는 나이입니다. 저는 부모 같은 교사가 되고 싶진 않습니다. 학생을 일일이 돌봐줄 수 있는 사람이 아니라 그저 학교 안에 같이 살아가는 사람입니다. 나이의 위계를 없애기 위해 가장 많이 쓰는 방법은 존댓말이든 반말이든 관계에서 수평어를 쓰려고 노력합니다. 물론 수업은 존댓말로 시작하지만 반말을 쓰고 싶은 학생이 있다면 원하는 대로 선택하면 그 언어로 대화합니다. 그리고 호칭을 바꾸는데 많은 시간을 들였습니다. 학생에게 '윤승 친구~', '저 친구가~'처럼 '친구'라는 말을 잘 쓰지 않습니다. 장애우라는 표현처럼 이 말 속엔 위선이 있습니다. 상대방이 원하지 않아도 '내가 마음만 먹으면 너의 친구가 되어 줄게'라는 말과도 같습니다. 학생은 친구가 아닙니다. 그렇다고 부모도 자식도 아니죠. 그저 똑같은 사람이기에 말과 행동을 같이할 뿐입니다. 학생보다 제가 나은 점이 있을까요? 오래 살았던 것 말고는 별로 없더군요. 그게 경험의 차이일까요? 미숙과 성숙을 나눌 수 있을까요? 그저 익숙한 정도의 차이는 아닌가요? 익숙한 사람이라고 더 경험이 풍부하다고 내세울 수 있을까요? 고민해볼 필요가 있습니다.

두 번째 답은 성^性 문제를 마주하는 것입니다. 전 남성이고, 여고에서 일하고 있습니다. 성 역할, 성차별을 없애는데 더 많이 애쓰고 싶습니다. 페미니즘, 성소수자, 성적지향, 성별정체성과 관련해 학생이 학교 안에서 자신의 성 때문에 위축되거나 약자로 살아가지 않도록 하는 데 제 책임이 있습니다. 스스로 장애인이라고 느꼈던 순간은 휠체어를 타고 집앞을 나가는 순간이었습니다. 처음엔 내가 다쳤으니까 내 탓인 줄 알았습니다. 하지만 아니었어요. 다 여러분 탓입니다. 이런 사회를 우리가 디자인했습니다. 누군가 안경을 개발하지 않았다면 지금 안경을 쓰고 있는 사람들은 제대로 다닐 수 없었을 겁니다. 우리 사회가 아직 휠체어를 탄 장애인이 이동할 수 있는 시스템을 만들지 못했습니다. 시스템을 만드는 국회의원을 우리의 손으로 뽑음으로써 정치에 참여하고 있기 때문에, '우리가 만든 게 아니'라고 누군가에게 책임을 전가할 순 없습니다. 학교 안으로 이 생각을 가져오면, '나는 학생을 차별하지 않아'가 아니라 차별받는 구조가 여전히 학교 안에 존재한다면 학교 구성원으로서 차별에 몸담고 있는 겁니다. 학생을 위해서가 아니라 자신을 위해서라도 꼭 차별은 없어져야 합니다. 제게 주어진 수학시간엔 노동, 난민, 장애 등 여러 가지 인권을 주제로 대화를 나누기도 합니다. '이윤승의 사탐시간'이라고 이름 붙기도 하죠.

모두가 아닌 누군가를 위한 교사

사실 모두에게 좋지는 않을 겁니다. 학기 말 강의평가를 보면 호불호가 갈려서 사탐시간은 접고 수학을 알려달라는 학생, 진도는 언제 나가는지 묻는 학생, 반대로 수학을 안 해서 좋다고 다른 이야기 실컷 해달라는 학생 등 가지각색입니다. 모두에게 좋은 교사가 아니란 걸 잘 알고 있습니다. 하지만 저 같은 학생에게 저는 좋은 교사일 겁니다. 세상은 넓고 교사는 많습니다. 학교 안에서 교사는 60명이지만, 학교 밖을 나서면 스타강사들도 있습니다. 꼭 저 하나를 바라보는 학생은 없습니다. 하지만 온라인에는 제가 잘할 수 있는 걸 주제로 강의하는 강사는 아마 없을 겁니다. 물론 유료구매하지도 않겠지만요.

학교는 무언가 배우고 쓰임을 찾는 곳이 아닌 살아 있는 공간입니다. 학교는 초등학교에서 고등학교를 거쳐 대학을 나오고 취업하기까지 목표점을 찍고 달리는 과정에 머무르는 수많은 공간 중 하나가 아닙니다. 차별받고 참아내는 곳도 아닙니다. 자신의 소중한 시간을 보내는 공간이자, 삶의 목적을 찾아가는 의미 있는 공간이 되면 좋겠습니다. 충분히

즐겁고 행복하면 좋겠습니다. 분명한 건 이 이야기의 결론이
'이윤승 같은 교사가 되고 싶다'가 아니었으면 합니다. 당연
하게도 우리는 이미 서로 다른 교사입니다. 각자 꿈꾸는 교
사의 모습과 상을 쫓아서 자신의 모습을 찾아가다 보면 학교
엔 다양한 교사가 공존할 겁니다. 학생만 7백 명이 오는 학교
에 교사 70명이 입을 모아 20가지의 이야기 한다면 재미없
지 않을까요? 적어도 7백 가지의 이야기를 나눌 수 있는 학
교라면 어떨까요? 많은 학생만큼 교사가 더 다양해야 하지
않을까요? 조금은 다른 이야기를 하는 교사도 학교엔 필요
합니다. 동네슈퍼가 서로 살아남기 위해서라도 다른 걸 파는
것처럼요. 쿠팡, 이마트에 흔들리지 않고 각자의 길을 찾아
가는 모습을 기대합니다.

이름을 걸고 일하기

◇

문구점 응, 이중용

학생과의 약속을 지키는 법

시골 기숙사에서 생활하며 수능에 모든 것을 건 사립고등학교의 기간제 교사로 일했습니다. 2년 차 때 학급 담임을 맡아 멋진 한 학기를 보냈습니다. 마음을 쏟아 열심히 했음에도 2학기쯤 학교폭력 사태가 있었고 교사로서 한 차례 상처가 쓸고 간 교실에 힘을 불어넣어 다음 학년으로 잘 올려보내야겠다는 생각이 많을 때였습니다.

그 무렵 한 학생이 상담시간에 친구들이 자기가 만드는 노트를 가지고 놀린다고 하더군요. 호기심이 생겨서 노트를 자세히 들여다보니 하루에 있었던 일을 그래프로 기록할 수 있었습니다. 꽤 좋은 방법이었어요. 장난스레 학생에게 놀렸던 친구들에게 복수를 해주자며 같이 제대로 플래너를 만들어보자고 제안했습니다. 물론 저도 만들어본 적은 없었지만 무리해서 약속해버렸죠. 휴대전화나 컴퓨터 사용이 금지된 기숙사 학교라 학생에게 노트에 대한 설명을 듣고 밤새 한글 2007로 표를 하나하나 그려가며 만들었습니다. 한 가지 실수가 있다면 미리 견적을 뽑아보지 않고 제작했다는 거예요.

인쇄소에 연락해보니 40만 원이 든다고 했습니다. 당시 저의 자취비, 식비를 제하면 비용이 빠듯했습니다. 하지만 꼭 만들어주고 싶었죠. 고민 끝에 당시 정말 무서워했던 교장실 문을 두드려 학교의 정식 플래너를 만들기 위한 시제품 비용으로 40만 원을 지원해달라고 제안했고 기회를 얻었습니다. 그 학생과 같이 표지 사진도 찍어 완성했죠. 물론 교장선생님은 플래너를 보시고 충격을 받으셨는지 다시는 이렇게 만들지 말라고 하셨지만, 이후에 학교 안에서 플래너 사용 설명회를 열고 체험단을 모집해 리뷰도 받고 수기 공모전도 열었습니다. 실제로 발명한 학생의 이름이 들어간 상장이 나오기도 했죠. 이 사건은 작은 복수이자 작은 성공이었습니다.

수능만 보고 달려가는 학교에서 이런 일이 가능하다는 걸 알려준 사건이었죠.

약속대로 학교의 정식 플래너를 만들기 위해 학생이 플래너를 사용하는 모습을 자세히 지켜봤습니다. 처음엔 이슈가 돼서 잘 사용했지만 점점 사용률이 떨어졌습니다. 그 이유는 기숙학교의 삶에 있었습니다. 플래너 자체는 좋지만 플래너에 쓸 만한 생활을 하고 있지 않았던 겁니다. 머리로 계획한 오늘 하루가 오차 없이 지나가는 학교입니다. 더군다나 기숙사 생활을 하기 때문에 홍수가 나도 학교에 나옵니다. 그래서 저는 학생에게 플래너에 쓸 만한 학교생활을 만들겠다고 다짐했습니다. 없어질 위기에 놓인 동아리에 가서 교내 진로 문화를 만드는 동아리를 같이 만들어보자고 제안하고 지도교사를 맡았습니다. '플레이모드'라는 이름을 걸고 교과 교실을 '플레이그라운드'라는 공간으로 만들어 정말 재밌게 했습니다. 아무도 보지 않는 학교 게시판을 뜯어고치기도 하고, 교사가 학생이 되어 독도 문제에 관심이 있는 학생과 팟캐스트를 진행하기도 하고, 학교 행사에서 코스튬을 하고 이벤트와 캠페인을 열었습니다. 진로 문화를 만든다는 미션 아

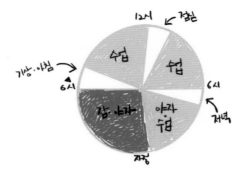

래 학교에 쌓인 여러 이슈를 해결하거나 개인의 소원을 이루는 다양한 일을 벌였습니다.

교사도 학생도 힘들었지만 즐거웠습니다. 하지만 학교 시스템은 동아리의 열린 분위기와는 달랐습니다. 교사로서 쓸수 있는 저녁 상담시간에 작당을 벌이고 있으면 학교에선 매일 밤 남아서 제가 무슨 일을 하는지, 학생 공부할 시간에 시간 낭비를 하는 건 아닌지, 입시성적에 도움도 안 되는 의미 없는 일을 하는 건 아닌지 지켜보고 비판을 더했습니다. 동아리 활동이 입시 성적에 도움이 되려면 최소한 3년이 필요합니다. 그래서 버텼고 3년째엔 직간접적으로 성과도 있었습니다. 하지만 힘듦과 기쁨의 균형이 무너져 개인이 지탱할 수 없었던 지점에서 학교를 그만뒀습니다.

학교를 이루는 네 가지 요소

1. 도구
2. 사람
3. 프로그램
4. 공간

　학교를 나오고 나서야 학교가 우리가 생각하는 것보다 훨씬 놀라운 곳이라는 걸 깨달았습니다. 학교는 도구, 교과서, 칠판, 동료교사, 학생, 수업, 프로그램이 한군데 모여 있는 공간입니다. 교육에 굉장히 중요한 요소들입니다. 교육의 팬으로서 천직이라고 생각했던 교사라는 직함을 뗐을 때 순간 허망했습니다. 학교를 그만둔 기간제 교사가 가장 먼저 선택할 수 있는 선택지는 다른 학교 교사, 학원 강사, 과외 선생님이 있습니다. 당시 교실은 너무 그리웠지만 학교는 그립지 않았습니다. 과거를 되짚어보며 할 수 있는 일을 찾다 보니 기안을 쓰는 기술보단 학교에서 아무도 시키지 않은 짓들이 삶을 많이 지켜줬다는 것과 그 경험과 기억이 고스란히 제 안에 남아 있다는 사실이었습니다. 디자인을 배우기로 마음먹고 실업급여가 떨어지는 날까지 재사회화 과정을 거쳤습니다. 1년 반 정도 프리랜서 생활을 거쳐 1인 창작 스튜디오 '문구점 응'을 시작했습니다. "응, 삶은 예술이야"라고 말하며 자기만의 인생을 쉽게 기록할 수 있도록 돕는 여러 도구와 프로그

램을 만들고 있습니다.

문구점 응을 시작하면서 첫 번째로 2년 동안 학생과 만들었던 노트를 매듭짓고 싶었습니다. 이번엔 한글2007이 아닌 전문 디자인 프로그램으로 '캠퍼스 플래너'라는 이름의 노트를 만들었습니다. 그리고 2년 동안 보드게임, 독립출판물도 만들었습니다. 생각했던 것보다 문구시장이 과열되어 있어서 '이러다간 굶어 죽겠구나' 싶었던 적도 있습니다. 내가 만든 도구를 자연스럽게 잘 쓸 수 있는 맥락을 만들어주기 위해 〈조금 적어도 좋아〉라는 온라인 글쓰기 커뮤니티를 열었습니다. 준비하던 어느 순간 돌아보니 제가 수업을 준비하고 있었습니다. 어떻게 하면 참여자들이 끝까지 글쓰기를 해내게 할지 즐겁게 고민하며 경험을 짜고 이벤트도 열었죠. 이렇게 일하다 보니 새로운 선택지로 주목받고 있는 대학, 미네르바스쿨●의 올해 입학생을 우연히 만났습니다. 학교에 대한 공식적인 정보 아래 실제 학교생활이나 평가에 대한 글을 가감 없이 있는 그대로 쓰고 교육에 관심이 있는 분들에게 가정통신문 보내듯 뉴스레터로 보내보기로 했습니다. 부산에서 혼자 작업하고 있던 제가 샌프란시스코에 있는 학생들과 글로벌한 연결로 협업하게 될 줄은 상상하지 못했습니다. 이런 우연한 연결이 많아지면서 지역을 오가며 뜻이 맞는 동료들을 만나 작당을 기획하고 있습니다. 내년엔 창작자들과 힘을 모아 공간을 구해 지속 가능함을 고민해볼 예정입니다. 문구점 응은 학생, 직장인, 선생님, 누구든 마음속에 창작자의 마음을 가진 분들과 같이 교류하려고 합니다. 책을

● 미네르바스쿨은 대학 컨소시엄인 KGI에 인가된 공식 대학으로 온라인으로 수업을 진행한다. 고정된 캠퍼스가 아닌 다양한 국가를 이동하며 배운다.

보면 글을 쓰고 싶고, 문제가 있으면 해결해보고 싶고, 좋은 글을 읽으면 학생에게 공유하고 싶은 분들과 함께 말이죠.

현직 교사, 예비 교사, 교육기획자. 이런 구분은 재미가 없어요. 문구를 좋아하고 사용하면 문구인이라고 부르는 것처럼 교육에 관해 관심이 있거나 팬이라면 모두 교육인이라고 생각합니다. 미래교육은 아직도 잘 모르겠지만 여러분이 계신 현장에 공간, 도구, 프로그램, 사람에 조금의 상상력을 더해 재미있는 것을 만들고 개선하다 보면 한 달 앞의 미래로 가는 게 아닐까요? 그래서 굳이 학교나 문구점 응이 아니어도 각자의 자리에서 이 네 가지 중 빠진 게 있다면 그 빈자리가 교육적 상황이나 이벤트가 있어야 할 곳입니다. 제자와의 약속을 무리하게 지키려다 문구점 주인이 된 교사의

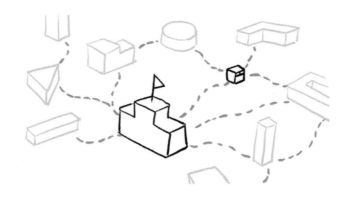

이야기가 교사라는 직함을 걸고 있는 사람들의 일이자 과제라고 생각지는 말아주세요. 개인사업자로서 늘 교육자의 이야기에 많은 영감과 도움을 받습니다. 각자의 생각과 질문, 고민이나 아이디어가 이 이야기에서 많이 뻗어 나가길 바랄 뿐입니다.

이윤승 × 이중용
— 황혜지 매니저와의 대담

대학 진학을 목표로 하는 학교에서는 다르고 일반적이지 않은 것을 반가워하기보단 불편함을 표현하는 관리자나 다른 교사와의 갈등이 있었을 것 같습니다. 다른 수업을 하고 싶다는 욕망과 두려움이 현실과 부딪힐 때 외로움을 느꼈던 순간이 있으신가요? 그리고 갈등은 어떻게 조율하셨나요?

이윤승 아주 가끔 퇴근하고 집에 돌아와서 생각하다 외로워질 때가 있습니다. 하지만 외로움을 타진 않죠. 학교는 제게 친구를 만나러 가는 곳은 아닙니다. 삶의 공간이자 특수한 공간입니다. 학교에선 자주 지탄이나 비판의 대상이 되지만, 대신 더 많은 학생과 교류하면서 즐겁게 지내고 있습니다. 학생과 대화하며 위로와 영감을 받는 순간들이 많아서 쉬는 시간에도 교무실에 있지 않고 교실이나 복도에서 머무릅니다. 이것도 꽤 괜찮습니다.

이중용   학교에 시스템이 준비되어 있지 않으면 굉장히 어렵습니다. 집단의 논리를 마주할 땐 외롭죠. 대신 프로젝트를 할 땐 학생과 팀이자 동료처럼 지냈습니다. 물론 동료가 되기까지 교사로서의 저는 내적 갈등이 많았습니다. 학생이 배울 수 있는 환경을 만들고 개선하는 건 교사의 일인데 학생이 직접 하고 있는 건 아닌가 하고요. 학생이 주도권을 갖고 교사가 돕는 것이 미래교육의 모습이라고 생각하면서도 교사로서 역할을 다 하지 않는 건 아닌지 혼란스럽기도 했습니다. 제가 학교에서 했던 모든 시도는 학생들과의 약속을 무리하게 지키려고 하면서 일어났습니다. 학교가 나아가고자 하는 방향을 잘 이해하고 그 목표에 맞게 교사가 원하는 것을 제안했습니다. 무언가 받으면 꼭 다시 하나를 돌려줬습니다. 입시에 집중하는 학교에선 무엇을 하더라도 목표에 도움이 되고 원하는 결과를 낼 수 있는 보조지점을 제안하며 조율하는 것이 중요합니다.

이윤승 　선생님이 정말 현명하신 거예요. 저는 그냥 계속 싸우고 있거든요. 그래도 힘을 낼 수 있는 건 언젠가 학교 구성원도 바뀐다는 점이죠.

　학교를 넘나드는 좀 더 넓은 영역에서의 교육실험은 왜 필요하다고 생각하시나요?

이윤승 　학교에서 학생인권 관련된 일을 제일 처음 시작한 계기는 담임을 맡았던 반 학생과 시작한 인문학 강의입니다. 독서모임처럼 시작한 이 강의의 이름을 우리가 있는 학교가 더러운 줄 알아야 깨끗해질 수 있다는 생각을 담아 〈둥지를 더럽히다〉라고 지었습니다. 학교를 무조건 미워하지 말고 어떤 점이 나쁜지 깨닫고 같이 공부하기 위한 모임이죠. 단지 멋있어 보이려고 인문학 공부를 하는 것이 아니라 내 세계를 이해하고 더 유리한 판단을 하는 방법을 알아보고 싶었습니다. 단순히 지각비를 걷는 것이 담임 이외에 누구에게 좋은지, 학교에 지각 제도가 있는 것이 과연 무엇을 위한 것인지와 같은 학교 안의 실상과 시스템을 같이 공부했습니다. 그러다 보니 학생과 하는 활동이 자연스레 많아졌습니다. 학생회에 같이 나가서 학교의 구조를 바꿔보려고 하거나, 학교 안에서 침해되는 인권 사례를 모아서 신고했죠. 서울시교육청에 학생인권 문제를 직접 신고한 첫 번째 교사라고 하더군요. 학생인권센터가 만들어지고 권고를 내린 첫 학교이기도 합니다.

학생회장 선거 때 부적절한 개입이 있어 당사자가 직접 사과하고 재선거를 치르는 과정에서 국회의원, 시의회, 선거관리위원회를 찾아간 적이 있습니다. 그 덕에 아는 분들이 많아지면서 기회가 생겨 인권위원회 사업도 같이하고 학생인권위 위원도 맡다 보니 다른 학교 학생들을 만날 기회가 생겼습니다. 그리고 다른 학교의 현실도 알게 되었죠. 〈둥지를 더럽히다〉에서의 공부가 다른 지역에도 필요하겠다는 생각에 서울 동부 지역을 시작으로 학교 경계 없이 1년에 두 번씩 모이는 인문학 강좌를 7년 동안 열어오고 있습니다. 페미니즘, 노동, 역사 등 다양한 주제로 같이 이야기 나누고 네트워크를 맺습니다. 모임 안에서 친해진 학생은 참정권 운동에 같이 참여하기도 하고 직접 활동을 기획하고 참여하기도 합니다. 하지만 학교 밖에서 사람들을 모으고 만나는 건 쉽지 않습니다. 때로는 매년 수백 명의 학생을 자연스럽게 만날 수 있는 학교라는 곳에 있다는 사실이 고맙습니다. 지금도 계속 학교 안팎에서 할 수 있는 저의 역할을 찾고 있습니다.

이중용   답변의 초점을 저는 다시 학교로 가져오고 싶습니다. 자신의 이름을 걸고 일하고, 다양한 교사가 학교에서 필요한 이유가 무엇이냐는 질문에 다시 답해보자면, 재밌기 때문입니다. 학생들이 좋아합니다. 싫어하는 선생님에게 배우고 싶은 학생은 아무도 없습니다. 수천만 원짜리 전자칠판에 아이패드 쓴다고 다 미래교육이 되는 건 아닙니다. 오히려 오늘은 내가 학생이 되고 학생이 교사가 되어 학생에게 배우는 역전되는 관계에 재미가 있었습니다. 다양한 교사가 등장하는 방법이기도 합니다. 문구점 옹에는 손님으로 오는 분이 오늘은 창작자가 되고 내일은 동료가 되고, 주인은 손님이 되어 어제의 손님의 창작물을 구매하기도 합니다. 경계 없이 누구나 자신의 이름과 모습을 드러낼 때 재미가 생깁니다. 미래학교의 시작점은 여기가 아닐까요?

경계 없는 대화와 새로운 실험을 위해

통역자 코치 경험 공감 협력자 개혁

학교 안과 학교 밖을 연결하는 역할 소통능력

촉진자 학생에게 학생과 로봇의 차이점을 생각하게 함 연결

자발적 배움으로의 안내자 협력자 실제 사회와 학생을 연결하는 연결자

경청 사라지는 매개자 학생의 특성을 알아봐 주는 것

다양성 존중 조력자 future insight 협력

지도자 안내자 co-designer for learning

가능성을 알아보는 교사 코칭 신뢰 도전정신

잠재력 발휘 모두의 다양성을 키워줄 수 있는 환경 조성

배움 기획자 퍼실리테이터

언어해석능력 소통

교사

미래학교 콘퍼런스를 시작하며 모인 100여 명의 교육자에게 미래학교를 위한 교육자의 역할이 무엇이라고 생각하는지 실시간 설문을 해 보았습니다. 위의 그림이 그 결과입니다. 가장 많이 남겨주신 키워드는 '협력자, 조력자, 코칭, 안내자'였습니다. 준비했던 '함께하는 조력자, 연결과 협업, 다양

성'이라는 키워드와 그 아래 펼쳐진 대화와 일맥상통합니다. 이미 우리는 변화의 방향을 잘 알고 있다는 의미겠지요. 이제 필요한 다음 대화는 교사가 새로운 역할을 수행할 수 있는 환경을 만들기 위해 어떤 준비를 해야하는지에 관한 것입니다.

　모두가 교육자로서의 나의 정의를 다르게 내리듯, 이 책에 담은 일곱 분의 실험이 정답은 아닙니다. 앞선 대화에서 고민의 실마리를 찾아가신다면 충분합니다. 이제 대화는 다시 시작되었습니다. 더 많은 교육자를 온더레코드에서 만날 수 있기를, 선택지를 만드는 시작점이 될 경계 없는 대화가 일어나고 또 멀리 전할 수 있기를 바랍니다.

이 도서의 국립중앙도서관 출판예정도서목록(CIP)은
서지정보유통지원시스템 홈페이지(http://seoji.nl.go.kr)와
국가자료공동목록시스템(http://www.nl.go.kr/kolisnet)에서
이용하실 수 있습니다. (CIP제어번호: CIP2020019882)

나는 선생님입니다

2020년 6월 1일 초판 1쇄 발행

지은이 | 황혜지

펴낸이 | 이형세

책임편집 | 윤정기

교정교열 | 이수연

디자인 | 기민주

제작 | 제이오

펴낸곳 | 테크빌교육(주)

주소 | 서울시 강남구 언주로 551, 프라자빌딩 5층, 8층

전화 | 02-3442-7783(333)

팩스 | 02-3442-7793

ISBN | 979-11-6346-085-5 03370

정가 | 14,000원